现代财务会计管理与内部控制探究

包景慧　苏丽静　陈立芳◎著

中国出版集团　现代出版社

图书在版编目（CIP）数据

现代财务会计管理与内部控制探究 / 包景慧，苏丽静，陈立芳著. -- 北京 : 现代出版社，2023.7

ISBN 978-7-5231-0402-6

Ⅰ. ①现… Ⅱ. ①包… ②苏… ③陈… Ⅲ. ①财务会计一会计管理一研究 Ⅳ. ①F234.4

中国国家版本馆CIP数据核字(2023)第119581号

现代财务会计管理与内部控制探究

作　者	包景慧　苏丽静　陈立芳
责任编辑	刘全银
出版发行	现代出版社
地　址	北京市朝阳区安外安华里504号
邮　编	100011
电　话	010-64267325　64245264(传真)
网　址	www.1980xd.com
电子邮箱	xiandai@ cnpitc.com.cn
印　刷	北京四海锦诚印刷技术有限公司
版　次	2023年7月第1版　2023年7月第1次印刷
开　本	185 mm×260 mm　1/16
印　张	12.5
字　数	296千字
书　号	ISBN 978-7-5231-0402-6
定　价	58.00元

Preface
前言

财务管理是企业管理的核心。财务管理就是对公司经营过程中的财务活动进行的一种管理活动。企业财务管理贯穿了企业经营的全过程，覆盖了经营全方位，处于企业管理的核心地位。在发展经济建设，促进国民经济发展的当今社会中，企业管理以财务管理为中心是当今新经济形势的产物，是社会经济发展的客观必然结果。我国的财务管理从国家对企业高度集中管理到成为企业管理中心，经历了一个漫长过程。我们从财务管理地位的变迁过程不难看出与社会经济环境的关系。企业成为竞争的主体，必须自主经营、自负盈亏，自我约束和自我发展，使社会资源流向那些利用效率高、效益好的企业而最终达到合理配置，使投入的资本不断运动和增值，这就迫使企业注重运用资金、控制成本和增加盈利。审计是指由专设的机关依照法律对国家各级政府及金融机构、企业事业组织的重大项目和财务收支进行事前和事后的审查的独立性经济监督活动。内部审计的本质是确保受托责任履行的管理控制机制。在风险导向阶段，受托责任关系以及管理控制发生了一些变化，与风险结合起来，使风险导向内部审计成为确保受托责任有效履行的能动的管理控制机制。随着社会的进步与经济的发展，各行各业都在不断提升自身的竞争力，因为竞争的加剧，使现代企业所面临的经济环境具有更多的风险。随着社会经济的快速发展，传统的内部审计已经无法满足现代企业的发展需求，风险导向内部审计应运而生，并在各个企业中得到了广泛的应用。

随着我国市场经济的不断完善，企业的财务管理对于企业发展的重要性也越来越大，财务管理与审计的学习，关系着企业的生存与发展。因此，本书从财务管理和内部审计在企业中应用的角度，对财务管理和内部审计在应用过程中的内容进行了系统的剖析。内容上本书首先论述了现代财务管理，然后对筹资管理、营运资金管理、收入与分配管理进行了介绍，最后研究了企业内部控制的要素、内部控制体系、货币资金的内部控制及业务流程的内部控制，对于企业财务管理与会计内部控制工作这一问题的研究具有十分重要的理论价值和现实意义。

本书在写作过程中，参考并借鉴了相关专家、学者的研究成果和观点，在此表示最诚挚的感谢！另外，由于时间和精力有限，书中难免有不足之处，敬请广大读者批评指正！

CONTENTS 目录

第一章 现代财务管理总论

第一节 财务管理概述

一、财务管理的概念和特点

（一）财务管理的概念

财务管理是在一定的整体目标下，关于资产的购置（投资）、资本的融通（筹资）和经营中现金流量（营运资金）以及利润分配的管理。财务管理是企业管理的一个组成部分；是根据财经法规制度，按照财务管理的原则，组织企业财务活动，处理财务关系的一项经济管理工作。所谓企业的财务活动，就是企业在生产过程中的资金运动；所谓企业的财务关系，就是由企业的资金运动形成的企业与其他各个经济主体的经济利益关系。

（二）财务管理的特点

1. 涉及面广

首先，就企业内部而言，财务管理活动涉及企业生产、供应、销售等环节，企业内部各个部门与资金不发生联系的现象是不存在的。每个部门都在合理使用资金、节约资金支出、提高资金使用率上接受财务人员的指导，受到财务管理部门的监督和约束。同时，财务管理部门本身为企业生产管理、营销管理、质量管理、人力物资管理等活动提供及时、准确、完整、连续的基础资料。其次，现代企业的财务管理也涉及企业外部的各种关系。在市场经济条件下，企业在市场上进行融资、投资以及收益分配的过程中与各种利益主体发生着千丝万缕的联系，主要包括企业与其股东之间、企业与其债权人之间、企业与政府之间、企业与金融机构之间、企业与其供应商之间、企业与其客户之间及企业与其内部职工之间等。

2. 综合性强

现代企业制度下的企业管理是一个由生产管理、营销管理、质量管理、技术管理、设备管理、人事管理、财务管理、物资管理等子系统构成的复杂系统。诚然，其他管理都是从某一个方面并大多采用实物计量的方法，对企业在生产经营活动中的某一个部分实施组织、协调、控制，所产生的管理效果只能对企业生产经营的局部起到制约作用，不可能对整个企业的营运实施管理。财务管理则不同，作为一种价值管理，它包括筹资管理、投资管理、权益分配管理、成本管理等，这是一项综合性强的经济管理活动。正因为是价值管理，所以财务管理可以通过资金的收付及流动的价值形态，及时、全面地反映商品物资运行状况，并可以通过价值管理形态进行商品管理。也就是说，财务管理渗透在全部经营活动中，涉及生产、供应、销售的每个环节，和人、财、物各个要素。所以，抓企业内部管理一般以财务管理为突破口，通过价值管理来协调、促进、控制企业的生产经营活动。

3. 灵敏度高

在现代企业制度下，企业成为面向市场的独立法人实体和市场竞争主体。企业经营管理目标为经济效益最大化，这是由现代企业制度要求投入资本实现保值、增值决定的，也是由社会主义现代化建设的根本要求决定的。因为，企业要生存，必须能以收抵支、到期偿债；企业要发展，必须扩大收入。收入增加意味着人、财、物相应增加，都将以资金流动的形式在企业财务上得到全面的反映，并对财务指标的完成产生重大影响。因此，财务管理是一切管理的基础，是管理的中心。抓好财务管理就是抓住了企业管理的“牛鼻子”，管理也就落到了实处。

二、财务管理的内容

公司财务的基本活动可以分为投资、筹资、营运和利润分配四个方面，对于生产企业而言，还需进行有关生产成本的管理与控制。从财务管理角度看，投资可以分为长期投资和短期投资；筹资也可以分为长期筹资和短期筹资。由于短期投资、短期筹资和营业现金流管理有着密切关系，故通常合并在一起讨论，称为营运资金管理。

（一）投资管理

投资是企业生存、发展及进一步获取利润的基本前提。企业筹集到资金后，必须将其投入使用，以谋求良好的经济效益。在进行投资管理活动时，企业必须考虑投资规模，同时必须通过投资方向和投资方式的选择来确定合适的投资结构，提高投资效益，降低投资风险。不同的投资项目，对企业价值和财务风险的影响程度不同。企业的投资，有对内投资和对外投资之分。对内投资是指企业把筹集到的资金用于本企业的资产上，如购置固定资产、无形资产等；对外投资是指企业把筹集到的资金用于购买股票、债券和出资新组建公司或与其他企业联营等项目，以期在未来获得投资收益的经济行为。如果投资决策不科学、投资结构不合理，那么投资项目往往不能达到预期效益，进而影响企业盈利水平和偿债能力。投资决策的正确与否，直接关系到企业的兴衰，要科学做好投资管理。

（二）利润分配管理

利润分配管理是对企业利润分配活动及其形成的财务关系的组织与调节，是企业进行销售预测和定价管理，并将一定时期内所创造的经营成果合理地在企业内外部各利益相关者之间进行有效分配的过程。利润反映的是企业经济利益的来源，而分配反映的是企业经济利益的去向，二者共同构成企业经济利益流动的完整链条。收入的初次分配是对成本费用的弥补，这一过程随着再生产的进行而自然完成；利润分配则是对收入初次分配的结果进行再分配。根据投资者的意愿和企业生产经营的需要，企业实现的净利润既可以作为投资收益分配给投资者，也可以暂时留存企业形成未分配利润，或者作为投资者的追加投资。企业的财务人员要合理确定分配的规模和结构，以确保企业取得最大的长期利益。

企业财务管理的上述四部分内容是相互联系、相互制约的。筹资是基础，离开企业生产经营所需的筹措资金，企业就不能生存与发展，而且公司筹资数量制约着公司投资的规模。企业所筹措的资金只有有效地投放出去，才能实现筹资的目的，并不断增值与发展，而且投资反过来又决定了企业需要筹资的规模和时间。投资和筹资的成果都需要依赖资金的营运实现，投资和筹资在一定程度上决定了公司日常经营活动的特点和方式，但企业日常活动还需要对营运资金进行合理的管理与控制，以努力提高营运资金的使用效率与效果。利润分配影响着投资、筹资和营运资金的各个方面，利润分配的来源是企业上述各方面共同作用的结果，同时会对上述各方面产生反作用。因此，投资管理、筹资管理、营运资金管理和利润分配管理都是企业价值创造的必要环节，是保障企业健康发展、实现可持续增长的重要内容。

三、企业财务关系

企业财务关系是指企业在组织财务活动过程中与各有关方面发生的经济利益关系。企业的投资、筹资、经营、利润分配等管理活动与企业内部和外部的方方面面都有着广泛的联系。企业的财务关系可概括为以下八个方面。

（一）企业与投资者之间的财务关系

企业与投资者之间的财务关系主要是指企业的投资者向企业投入资金，企业向其投资者支付投资报酬所形成的经济关系，是最根本的财务关系。企业的投资者主要有国家、法人、个人和境外投资者。企业的投资者按照投资合同、协议、章程的约定履行出资义务；而企业利用投资者出资经营并实现利润后，按照出资比例、合同、章程的约定向投资者分配利润。企业同其所有者之间的财务关系体现着所有权的性质，反映着经营权和所有权的关系。

（二）企业与债权人之间的财务关系

企业与债权人之间的财务关系主要是指企业向债权人借入资金，并按借款合同的规定按时支付利息和归还本金所形成的经济关系。企业除利用自有资本进行经营活动外，还要借入一定数量的资金，以降低企业资本成本，扩大企业经营规模。企业的债权人主要有债券持有人、贷款机构、商业信用提供者、其他出借资金给企业的单位和个人。企业占用债权人资金后，要按约定的利息率及时间向债权人支付利息。债务到期时，要按时向债权人归还本金。企业与债权人之间的财务关系是体现债权性质的债务与债权关系。

（三）企业与被投资单位之间的财务关系

企业与被投资单位之间的财务关系主要是指在企业经营规模和经营范围不断扩大后，企业以购买股票或直接投资的形式向其他企业投资所形成的经济关系。企业向其他单位投资，应按照约定履行出资义务，参与被投资单位的利润分配。企业与被投资单位之间的关系体现的是所有权性质的投资与受资关系。

（四）企业与债务人之间的财务关系

企业与债务人之间的财务关系是指企业将其资金以购买债券、提供借款或商业信用等形式出借给其他单位所形成的经济关系。企业将资金借出后，有权要求其债务人按约定的条件支付利息和归还本金。企业与债务人之间的关系体现的是债权债务关系。

（五）企业与往来单位之间的财务关系

企业与往来单位之间的财务关系主要体现在企业与供应商、客户由于购买商品、销售产品、提供劳务等而发生的经济交往所形成的经济关系。该类经济关系主要涉及业务往来中的收支结算，要及时收付款项，以免相互占用资金。企业与往来单位之间的财务关系体现的是购销合同义务关系，在性质上属于债权债务关系。

（六）企业内部各单位之间的财务关系

企业内部各单位之间的财务关系主要是指企业内部各单位之间在生产经营各环节相互提供产品或劳务所形成的经济关系。在实行内部责任核算制度的条件下，企业供、产、销各部门以及各生产经营单位之间，相互提供产品和劳务要确定内部转移价格，进行计价结算，因而形成了企业内部的资金结算关系。

（七）企业与员工之间的财务关系

企业与员工之间的财务关系主要指企业在向职工支付劳动报酬的过程中形成的经济关系。企业要用自身的产品销售收入，向职工支付工资、津贴、奖金等，按照提供的劳务数量和质量支付职工的劳动报酬。这种企业与职工之间的财务关系，体现了职工和企业在劳动成果上的分配关系。

（八）企业与政府之间的财务关系

企业与政府之间的财务关系主要体现为税收法律关系。政府作为社会的管理者，需要相当的财政收入作为保障。因此，企业应根据《中华人民共和国税法》（以下简称《税法》）的规定，向中央和地方政府交纳各种税款。同时，政府有义务为企业提供必要的社会服务和良好的经营环境。企业与政府之间的财务关系是一种依法纳税和提供基础服务的关系。

第二节 财务管理的目标与利益协调

一、财务管理的目标

财务管理的目标又称理财目标，是指企业进行财务活动所要达到的最终目的。一般而言，企业的目标就是创造财富（或价值），企业财务管理的目标就是为实现企业创造财富（或价值）这一目标服务。鉴于财务活动直接从价值方面反映企业的商品或者服务提供过程，因而财务管理可为企业的价值创造发挥重要作用。企业财务管理目标有以下五种具有代表性的理论。

（一）利润最大化

利润最大化就是假定企业财务管理以实现利润最大化为目标。以利润最大化作为财务管理目标，主要原因有三：一是人类从事生产经营活动的目的是创造更多的剩余产品，在市场经济条件下，剩余产品的多少可以用利润这个指标来衡量；二是在自由竞争的资本市场中，资本的使用权最终属于获利最多的企业；三是只有每个企业都最大限度地创造利润，整个社会的财富才可能实现最大化，从而带来社会的进步和发展。

这种观点认为，利润是衡量企业经营成果的标志，代表了企业新创造的财富。利润越多说明企业的财富增加得越多，越接近企业的目标。

利润最大化目标的主要优点是，企业追求利润最大化，就必须进行经济核算、加强管理、改进技术、提高劳动生产率、降低产品成本。这些措施都有利于企业资源的合理配置，有利于企业整体经济效益的提高。

但是，以利润最大化作为财务管理目标存在以下缺陷：

（1）没有考虑利润实现时间和资金时间价值。例如，今年 100 万元的利润和 10 年以后同等数量的利润的实际价值是不一样的，10 年间还会有时间价值的增加，而且这一数值会随着贴现率的不同而有所不同。

（2）没有考虑风险问题。不同行业具有不同的风险，同等利润值在不同行业中的意义也不相同。例如，同样投入 500 万元，本年获利 100 万元，一家公司的获利全部转化为现金，另一家公司的获利则全为应收账款，并可能发生坏账损失。如果盲目追求利润最大化则可能导致企业规模的无限扩张，进而带来更大的财务风险。

（3）没有反映创造的利润与投入资本之间的关系。例如，项目 A 和项目 B 为企业带来的利润都是 100 万元，但是项目 A 需要投入 1 000 万元，项目 B 需要投入 1 500 万元。如果不考虑投入资本，企业就无法作出正确判断。因而，利润最大化的观点不能科学地说明企业经济效益水平的高低，不便于不同资本规模的企业之间或同一企业不同时期之间的比较。

（4）可能导致企业短期财务决策倾向，进而影响企业长远发展。由于利润指标通常按年计算，因此企业决策往往会服务于年度指标的完成或实现，而忽视产品开发、人才开发、生产安全等方面的发展，结果可能使企业后力枯竭，最终走向“死亡”。

利润最大化的另一种表现方式是每股收益最大化。每股收益是指企业净利润与普通股股数的比率。每股收益最大化的观点认为，应当把企业的利润和股东投入的资本联系起来考察，用每股收益来反映企业的财务目标。

这种观点把企业实现的利润额同投入的资本进行对比，能够说明企业的盈利水平，可在不同资本规模的企业或同一企业的不同时期之间进行比较，揭示其盈利水平的差异。因此，可以克服“利润最大化”目标的局限性。

除反映所创造利润与投入资本之间的关系外，每股收益最大化与利润最大化目标的缺陷基本相同。其仍然没有考虑每股收益取得的时间，也没有考虑每股收益的风险，难以避免企业的短期行为。

但如果假设风险相同、每股收益时间相同，那么每股收益的最大化也是衡量公司业绩的一个重要指标。事实上，许多投资人都把每股收益作为评价公司业绩的重要标准之一。

（二）股东财富最大化

这种观点认为，股东创办企业、有效经营的目的就是获得更多的财富，因此财务管理的基本目标是增加股东财富。

其理论依据是股东创办公司的目的是增加财富。如果企业不能为股东创造价值，股东就不会为企业提供资本。没有了权益资本，企业也就不复存在了。

对于上市公司，股东财富可以用股东权益的市场价值来衡量。股东财富的增加可以用股东权益的市场价值与股东投资资本的差额来衡量，它被称为“股东权益的市场增加值”。此观点所指的股东财富最大化就是指股东权益的市场增加值而非股东权益的市场价值，因为权益的增加值才是企业为股东创造的价值。

与利润最大化相比，股东财富最大化的主要优点是：

第一，考虑了货币时间价值和风险因素。股价反映投资者对公司未来经营成果和经营状况的预期，股价体现了投资者对公司价值的客观评价。股价受企业利润水平、经营风险、未来发展前景等因素的影响。如果股东对企业未来的经营状况和经营成果抱有良好的预期，则股价会上涨；反之，则股价会下跌。

第二，在一定程度上能避免企业短期行为，因为不仅目前的利润会影响股价，预期未来的利润同样会对股价产生重要影响。

第三，对上市公司而言，股东财富最大化目标比较容易量化，便于考核和奖惩。

以股东财富最大化为财务管理目标也存在以下缺点：

第一，通常只适用于上市公司，非上市公司难以应用，因为非上市公司无法像上市公司一样随时准确获得公司股价。

第二，股价受众多因素影响，特别是企业外部的因素，有些还可能是非正常因素。股价不能完全准确反映企业财务管理状况，如有的上市公司处于破产的边缘，但由于可能存在某些机会，其股票市价可能还在走高。

（三）企业价值最大化

企业价值最大化是指企业财务管理行为以实现企业的价值最大化为目标。企业价值可以理解为企业所有者权益和债权人权益的市场价值，或者是企业所能创造的预计未来现金流量的现值。未来现金流量这一概念，包含了资金的时间价值和风险价值两个方面的因素，因为未来现金流量的预测包含了不确定性和风险因素，而现金流量的现值是以资金的时间价值为基础对现金流量进行折现计算得出的。

企业价值最大化目标要求企业通过采用最优的财务政策，充分考虑资金的时间价值和风险与报酬的关系，在保证企业长期稳定发展的基础上使企业总价值达到最大。

以企业价值最大化为财务管理目标，具有以下优点：

（1）考虑了时间价值和风险因素。投资者在评价企业价值时，计算的是未来自由现金流量的现值之和，考虑了资金的时间价值。同时，自由现金流量的估算是按可能实现的概率进行计算，考虑了风险因素。该目标有利于统筹安排长短规划、合理选择投资方案、有效筹措资金、合理制定股利政策等。

（2）兼顾了股东以外的其他利益相关者的利益。企业价值最大化不仅考虑了股东的利益，还考虑了债权人、经理层、一线职工的利益。

（3）企业价值最大化目标能克服企业在追求利润上的短期行为。将企业长期、稳定的发展和持续的获利能力放在首位，能克服企业在追求利润上的短期行为。因为不仅过去和目前的利润会影响企业的价值，而且预期未来利润的多少对企业价值的影响更大。

（4）有利于社会资源的合理配置。社会资金通常流向企业价值最大化的企业或行业，淘汰经营不善的企业，因此，有利于实现社会效益最大化。

但是，以企业价值最大化为财务管理目标过于理论化，不易操作，如自由现金流量和折现率的预计很难，预计的时间越长，误差就越大，因而，很难准确估算出企业的价值。对于非上市公司，只有对企业进行专门的评估才能确定其价值，而在评估企业的资产时，由于受评估标准和评估方式的影响，很难做到客观和准确。

（四）相关者利益最大化

在现代企业是多边契约关系的总和的前提下，要确立科学的财务管理目标，需要考虑哪些利益关系会对企业发展产生影响。在市场经济中，企业的理财主体更加细化和多元化。股东作为企业所有者，在企业中拥有最高的权利，并承担着最大的义务和风险，但是债权人、员工、企业经营者、客户、供应商和政府也为企业承担着风险。因此，企业的利益相关者不仅包括股东，还包括债权人、企业经营者、客户、供应商、员工、政府等。在确定企业财务管理目标时，不能忽视这些相关利益群体的利益。

相关者利益最大化目标的具体内容包括以下几个方面：

（1）强调风险与报酬的均衡，将风险限制在企业可以承受的范围内。

（2）强调股东的首要地位，并强调企业与股东之间的协调关系。

（3）强调对代理人（企业经营者）的监督和控制，建立有效的激励机制以便企业战略目标的顺利实施。

（4）关心本企业普通职工的利益，创造优美和谐的工作环境并提供合理恰当的福利待遇，培养职工长期努力为企业工作。

（5）不断加强与债权人的关系，培养可靠的资金供应者。

（6）关心客户的长期利益，以便保持销售收入的长期稳定增长。

（7）加强与供应商的协作，共同面对市场竞争，并注重企业形象的宣传，遵守承诺，讲究信誉。

（8）保持与政府部门的良好关系。

（五）各种财务管理目标之间的关系

上述各种财务管理目标，都以股东财富最大化为基础。因为，企业是市场经济的主要参与者，企业的创立和发展都必须以股东的投入为基础，离开了股东的投入，企业就不复存在；并且，在企业的日常经营过程中，作为所有者的股东在企业中承担着最大的义务和风险，相应也需享有最高的报酬，即股东财富最大化，否则就难以为市场经济的持续发展提供动力。

当然，以股东财富最大化为核心和基础，还应该考虑利益相关者的利益。各国公司法都规定，股东权益是剩余权益，只有满足了其他方面的利益之后才会有股东的利益。企业必须缴税、给职工发工资、给顾客提供他们满意的产品和服务，然后才能获得税后收益。可见，其他利益相关者的要求先于股东被满足，因此这种满足必须是有限度的。如果对其他利益相关者的要求不加限制，股东就不会有“剩余”了。除非股东确信投资会带来满意的回报，否则股东不会出资。没有股东财富最大化的目标，利润最大化、企业价值最大化以及相关者利益最大化的目标也就无法实现。因此，在强调公司承担应尽的社会责任的前提下，应当允许企业以股东财富最大化为目标。

二、相关者利益冲突与协调

与企业相关的主要利益相关者有股东、债权人、供应商、客户、员工、政府等，各利益相关者与公司之间既存在共同利益关系，也有冲突，而协调相关者的利益冲突，要把握的原则是：尽可能使企业相关者的利益分配在数量上和时间上达到动态的协调平衡。而在所有的利益冲突协调中，所有者与经营者、股东与债权人的利益冲突与协调至关重要。

（一）所有者和经营者利益冲突与协调

在现代企业中，经营者一般不拥有占支配地位的股权，他们只是所有者的代理人。所有者期望经营者代表他们的利益工作，实现所有者财富最大化；经营者则希望在创造财富的同时，能够获取更多的报酬、更多的享受，并且尽可能地避免风险。二者的目标经常会不一致。

因此，经营者有可能为了自身的利益而背离股东的利益。这种背离主要表现在两个方面。

1. 道德风险

道德风险是指从事经营活动的人在最大限度地增进自身效用的同时做出不利于他人的行动。经营者为了自己的目标，不尽最大努力去实现企业财务管理的目标，他们没有必要为提高股价而冒险，因为股价上涨的好处将归于股东，若失败，他们的“身价”将下跌。他们不做错事，只是不十分卖力，以增加自己的闲暇时间。这种行为只是道德问题，不构成法律问题，股东很难追究他们的责任。

2. 逆向选择

逆向选择是指经营者为了自己的目标而背离股东的目标。为了协调这两方面的利益冲突，防止经营者背离自身的目标，股东通常采取以下方式解决。

（1）解聘

这是一种通过所有者来约束经营者的办法。所有者对经营者予以监督，如果经营者绩效不佳，就解聘经营者；经营者为了不被解聘就需要努力工作，为实现财务管理目标服务。

（2）接收

这是一种通过市场来约束经营者的办法。如果经营者决策失效、经营不力、绩效不佳，该企业就可能被其他企业强行接收或吞并，相应经营者也会被解聘。经营者为了避免这种接收，就必须努力实现财务管理目标。

（3）激励

激励就是将经营者的报酬与其绩效直接挂钩，以使经营者自觉采取能提高所有者财富的措施。激励通常有两种方式：

①股票期权

它是允许经营者以预先确定的条件来购买本企业一定数量股份的权利，当股票的市场价格高于约定价格时，经营者就会因此获取收益。经营者为了获得更大的股票涨价益处，就必然主动采取能够提高股价的行动，从而增加所有者财富。

②绩效股

它是企业运用每股收益、资产收益率等指标来评价经营者绩效，并视其绩效大小给予经营者数量不等的股票来作为报酬。如果经营者绩效未能达到规定目标，经营者将丧失原先持有的部分绩效股。这种方式不仅会使经营者为了多得绩效股而不断采取措施来提高经营绩效，也会使经营者采取各种措施来使股票市价稳定上升，从而使每股市价最大化，增加所有者财富。即使由于客观原因股价并未提高，经营者也会因为获取绩效股而获利。

（二）股东和债权人的利益冲突与协调

股东的目标可能与债权人期望实现的目标相矛盾。股东与债权人利益冲突的表现有：一是股东未经债权人同意，要求经营者投资于比债权人预计风险高的项目。这会增大偿债风险，债权人的负债价值也必然会降低，进而造成债权人风险与收益的不对等。因为高风险的项目一旦成功，额外的利润就会被所有者独享；若失败，债权人却要与所有者共同负担由此而造成的损失。二是未经现有债权人同意，举借新债，致使原有债权人利益受损。

（三）对环境和资源的责任

企业对环境和资源的社会责任可以概括为两大方面：一是承担可持续发展与节约资源的责任；二是承担保护环境和维护自然和谐的责任。

此外，企业还有义务和责任遵从政府的管理、接受政府的监督。企业要在政府的指引下合法经营、自觉履行法律规定的义务，同时尽可能地为政府献计献策、分担社会压力、支持政府的各项事业。

一般而言，对一个利润或投资报酬率处于较低水平的公司，在激烈竞争环境下，是难以承担额外增加其成本的社会责任的。而对于那些利润超常的公司，它们可以适当地承担且有的也确已承担一定的社会责任。因为对利润超常的公司来说，适当地从事一些社会公益活动，有助于提高公司的知名度，促进其业务活动的开展，进而使股价升高。但不管怎样，任何企业都无法长期单独地负担因承担社会责任而增加的成本。过分地强调社会责任而使企业价值减少，就可能导致整个社会资金运用的次优化，从而使社会经济发展步伐减缓。事实上，大多数社会责任都必须通过立法以强制的方式让每一个企业平均负担。然而，企业是社会的经济细胞，理应关注并自觉改善自身的生态环境，重视履行对员工、消费者、环境、社区等利益相关方的责任，重视其生产行为可能对未来环境的影响，特别是在员工健康与安全、废弃物处理、污染等方面应尽早采取相应的措施，以减少企业在这些方面可能会遭遇的各种困扰，从而有助于企业可持续发展。

第三节 财务管理环节与原则

财务管理环节是企业财务管理的工作步骤与一般工作程序。一般而言，企业的财务管理包括以下内容。

一、财务管理环节

（一）计划与预算

1. 财务预测

财务预测是根据企业财务活动的历史资料，考虑现实的要求和条件，对企业未来的财务活动作出较为具体的预计和测算的过程。财务预测可以测算各项生产经营方案的经济效益，为决策提供可靠的依据；可以预计财务收支的发展变化情况，以确定经营目标；可以测算各项定额和标准，为编制计划、分解计划指标服务。

财务预测的方法主要有定性预测和定量预测两类。定性预测法，主要是利用直观材料，依靠个人的主观判断和综合分析能力，对事物未来的状况和趋势作出预测；定量预测法，主要是根据变量之间存在的数量关系建立数学模型来进行预测。

2. 财务计划

财务计划是根据企业整体战略目标和规划，结合财务预测的结果，对财务活动进行规划，并以指标形式落实到每一计划期间的过程。财务计划主要通过指标和表格，以货币形式反映在一定的计划期内企业生产经营活动所需要的资金及其来源、财务收入和支出、财务成果及其分配的情况。

确定财务计划指标的方法一般有平衡法、因素法、比例法和定额法等。

3. 财务预算

财务预算是根据财务战略、财务计划和各种预测信息，确定预算期内各种预算指标的过程。它是财务战略的具体化，是财务计划的分解和落实。

财务预算的编制方法通常包括固定预算与弹性预算、增量预算与零基预算及定期预算与滚动预算等。

（二）决策与控制

1. 财务决策

财务决策是指按照财务战略目标的总体要求，利用专门的方法对各种备选方案进行比较和分析，从中选出最佳方案的过程。财务决策是财务管理的核心，决策的成功与否直接关系企业的兴衰。

财务决策的方法主要有两类：一类是经验判断法，是根据决策者的经验来判断选择，常用的方法有淘汰法、排队法和归类法等；另一类是定量分析方法，常用的方法有优选对比法、数学微分法、线性规划法和概率决策法等。

2. 财务控制

财务控制是指利用有关信息和特定手段，对企业的财务活动施加影响或调节，以便实现计划所规定的财务目标的过程。

财务控制的方法通常有前馈控制、过程控制和反馈控制。财务控制措施一般包括预算控制、运营分析控制和绩效考评控制等。

（三）分析与考核

1. 财务分析

财务分析是指根据企业财务报表等信息资料，采用专门方法，系统分析和评价企业财务状况、经营成果以及未来趋势的过程。

财务分析的方法通常有比较分析法、比率分析法和因素分析法等。

2. 财务考核

财务考核是指将报告期实际完成数与规定的考核指标进行对比，确定有关责任单位和个人完成任务的过程。财务考核与奖惩紧密联系，既是贯彻责任制原则的要求，也是构建激励与约束机制的关键环节。

财务考核的形式多种多样，既可以用绝对指标、相对指标、完成百分比考核，也可采用多种财务指标进行综合评价考核。

二、财务管理的原则

（一）风险与收益权衡原则

风险与收益权衡原则是指风险和收益之间存在一个权衡关系。投资人必须对收益和风险作出权衡，为追求较高的收益而承担较大风险，或者为减少风险而接受较低的报酬。所谓“权衡”，是指高收益的投资机会必然伴随巨大的风险，风险小的投资机会必然只有较低的收益。

人们普遍倾向于高报酬低风险，但现实中人们通常不可能在低风险的同时获取高报酬，这是每个人都想得到的。即使有人最先发现了这样的机会并率先行动，别人也会迅速跟进，竞争会使报酬率降低至与风险相当的水平。因此，现实的市场中只有高风险同时高报酬和低风险同时低报酬的投资机会。市场上虽然有偏好高风险、高收益的投资者，也有偏好低风险、低收益的投资者，但他们都要求风险与报酬对等，不会去冒没有价值的风险。

（二）资本市场有效原则

资本市场是指证券买卖的市场。资本市场有效原则是指在资本市场上频繁交易的金融资产的市场价格反映了所有可获得的信息，而且面对新信息完全能迅速作出调整。

资本市场有效原则要求企业管理人重视市场给企业的股价。资本市场既是企业的一面镜子，又是企业行为的矫正器。股价可以综合反映公司的业绩，弄虚作假、人为改变会计方法对企业价值的提高毫无用处。一些公司把不少精力和智慧放在报告信息的方式上，通过“寻机会计处理”来提高报告利润，企图用财务报表给使用人制造假象，这在有效市场中是无济于事的。当市场对公司的评价降低时，应分析公司的行为是否出了偏差并设法改进，而不应设法欺骗市场。妄图欺骗市场的人，终将被市场抛弃。

市场有效性原则要求企业管理人慎重使用金融工具投资。实业公司的管理者责任应是管理好自己的公司，利用竞争优势在产品或服务市场上赚取净利润。因此，实业公司管理者只有很少的时间和精力研究金融市场，属于金融产品的“业余投资者”。他们不太可能拥有关于股价的特别信息，仅靠公开信息很难从金融投机中获得超额收益。此外，实业公司在资本市场上的角色主要是筹资者，而非投资者，即使从事利率、外汇等期货交易，目的也应当是套期保值、锁定其价格、降低金融风险，而非指望通过金融投机获利。

（三）净增收益原则

净增收益原则是指财务决策建立在净增效益的基础上，一项决策的价值取决于它和替代方案相比所增加的净收益。

一项决策的优劣，是与其他可替代方案（包括维持现状而不采取行动）相比较而言的。如果一个方案的净收益大于替代方案，那么它是一个比替代方案更好的决策，其价值是增加的净收益。在财务决策中，净收益通常用现金流量计量，一个方案的净收益是指该方案现金流入减去现金流出的差额，也称为现金流量净额。

净增收益原则的应用之一是差额分析法，也就是在分析投资方案时只分析他们有区别的部分，而省略其相同的部分。

净增收益原则的另一个应用是沉没成本概念。沉没成本是指已经发生、不会被以后的决策改变的成本。沉没成本与将要采纳的决策无关。因此，在分析决策方案时应将其排除。

第四节　财务管理环境

一、经济环境

在影响财务管理的各种外部环境中，经济环境是最为重要的。

经济环境内容十分广泛，包括经济体制、经济周期、经济发展水平和宏观经济政策及通货膨胀水平等。

（一）经济体制

在计划经济体制下，国家统筹企业资本、统一投资、统负盈亏，企业利润统一上缴，亏损全部由国家补贴，企业虽然是一个独立的核算单位，但无独立的理财权利。财务管理活动的内容比较单一，财务管理方法比较简单。在市场经济体制下，企业成为“自主经营、自负盈亏”的经济实体，有独立的经营权，同时有独立的理财权。企业可以从自身需要出发，合理确定资本需要量，然后到市场上筹集资本，再把筹集到的资本投放到高效益的项目上以获取更大的收益，最后将收益根据需要和可能进行分配，保证企业财务活动自始至终根据自身条件和外部环境作出各种财务管理决策并组织实施。因此，财务管理活动的内容比较丰富，方法也复杂多样。

（二）经济周期

市场经济条件下，经济发展与运行带有一定的波动性。大体上经历复苏、繁荣、衰退和萧条几个阶段的循环，这种循环叫作经济周期。在经济周期的不同阶段，企业应采用不同的财务管理战略。

（三）经济发展水平

财务管理的发展水平是和经济发展水平密切相关的，经济发展水平越高，财务管理水平也越高。财务管理水平的提高，将推动企业降低成本、改进效率、提高效益，从而促进经济发展水平的提高；而经济发展水平的提高，将改变企业的财务战略、财务理念、财务管理模式和财务管理的方法手段，从而促进企业财务管理水平的提高。财务管理应当以经济发展水平为基础，以宏观经济发展目标为导向，从业务工作角度来保证企业经营目标和经营战略的实现。

（四）宏观经济政策

不同的宏观经济政策，对企业财务管理的影响不同。金融政策中的货币发行量、信贷规模会影响企业投资的资金来源和投资的预期收益；财税政策会影响企业的资金结构和投资项目的选择等；价格政策会影响资金的投向和投资的回收期及预期收益；会计制度的改革会影响会计要素的确认和计量，进而对企业财务活动的事前预测、决策及事后的评价产生影响等。

（五）通货膨胀水平

通货膨胀对企业财务活动的影响是多方面的，主要表现在：（1）使资金占用大量增加，从而增加了企业的资金需求。（2）使企业利润虚增，造成企业资金由于利润分配而流失。（3）使利率上升，加大了企业筹资成本。（4）使有价证券价格下降，增加了企业的筹资难度。（5）使资金供应紧张，增加了企业的筹资难度。

为了减轻通货膨胀对企业造成的不利影响，企业应当采取措施予以防范。在通货膨胀初期，货币面临着贬值的风险，这时企业进行投资可以避免风险，实现资本保值；与客户应签订长期购货合同，以减少物价上涨造成的损失；取得长期负债，保持资本成本的稳定。在通货膨胀持续期，企业可以采用比较严格的信用条件，减少企业债权；调整财务政策，防止和减少企业资本流失等。

二、金融市场的含义与构成要素

金融市场是指资金融通的场所。它有广义和狭义之分。广义的金融市场泛指一切金融性交易，包括货币借贷、票据承兑和贴现、有价证券的买卖、黄金和外汇的买卖等。狭义的金融市场一般指有价证券的买卖市场。企业资金的取得与投资都与金融市场密不可分，金融市场发挥着金融中介、调节资金余缺的功能。熟悉金融市场的各种类型以及管理规则，可以让企业财务人员有效地组织资金的筹措和资本投资活动。

（一）金融市场与企业财务管理

金融市场是与企业财务管理最具有密切关系的环境，主要表现在以下几个方面：

1. 金融市场是企业筹资和投资的场所

金融市场上存在多种多样方便灵活的筹资方式，企业需要资金时，可以到金融市场上选择合适的筹资方式来筹集所需要的资金，以保证生产经营的顺利进行；而当公司有闲置资金时，又可以到金融市场选择灵活多样的投资方式，为资金的使用寻找出路，如银行存款、投资债券或购买股票等。

2. 企业可以通过金融市场实现资本的灵活转换

通过金融市场中复杂多样的筹资活动，企业可以实现资本在时间长短、空间区域和资本数量大小等不同形式上的转换。例如，企业持有的可上市流通债券可以随时转手变现，成为短期资金；远期票据可以通过贴现变为现金；大额可转让定期存单，也可以在金融市场卖出，成为短期资金。

3. 金融市场可以为企业财务管理提供有价值的信息

金融市场的利率变动反映了资金的供求状况，有价证券的市价波动反映了投资者对企业的经营状况和盈利水平的客观评价。因此，它们是企业经营和投资、筹资的重要依据。

（二）金融市场的构成要素

金融市场的构成要素主要有以下几项：

1. 金融市场主体

金融市场主体是指金融交易活动的参与者，一般有个人、企业法人、金融机构及政府等。

金融中介机构有银行和非银行金融机构，是连接筹资者和投资者的纽带。我国的银行体系包括中国人民银行、政策性银行和商业银行。中国人民银行是我国的中央银行，主要负责货币政策的制定，经营国库业务及相关职能。政策性银行是由政府设立，以贯彻国家产业政策、区域发展政策为目的，而不以营利为目的的金融机构。商业银行是以经营存款、贷款、办理转账结算为主要业务，以营利为主要经营目标的金融企业。非银行金融机构包括保险公司、信托投资公司、证券机构、财务公司和金融租赁公司等。

2. 金融市场客体

金融市场客体即金融工具，金融工具是金融市场的交易对象。金融工具按发行和流通场所，划分为货币市场证券和资本市场证券。

（1）货币市场证券

货币市场证券属于短期债务，到期日通常为一年或更短的时间，主要是政府、银行及工商业企业发行的短期信用工具，具有期限短、流动性强和风险小的特点。货币市场证券包括商业本票、银行承兑汇票和短期债券等。

（2）资本市场证券

资本市场证券是公司或政府发行的长期证券。其到期期限超过一年，实质上是一年期以上的中长期资本市场证券。资本市场证券包括普通股、优先股、长期公司债券、国债和衍生金融工具等。

3. 金融市场的组织形式和管理方式

金融市场的组织形式主要有交易所交易和场外交易两种。交易的方式主要是现货交易、期货交易、期权交易和信用交易。其主要由上述管理机构和国家法律来管理和规范。

4. 金融市场的利息率机制

利息率简称利率，是衡量资金增值量的基本单位，即资金的增值同投入资金的价值之比。从资金流通的借贷关系来看，利率是特定时期运用资金这一资源的交易价格。即资金作为一种特殊商品，在资金市场上的买卖，是以利率为价格标准的，资金的融通实质上是资金资源通过利率这个价格体系在市场机制作用下进行再分配。因此，利率在资金的分配及个人和企业作出财务决策的过程中起着重要作用。但应该怎么测算特定条件下未来的利率水平呢？这就需要分析利率的构成。一般而言，利率由纯利率、通货膨胀溢价和风险溢价三部分构成。其中，风险溢价又分为违约风险溢价、流动性风险溢价和期限风险溢价三种。

（1）纯利率

纯利率是指无通货膨胀和无风险情况下的社会平均利润率。影响纯利率的主要因素有资金的供求关系、社会的平均利润率和国家的货币政策。通常，假设在没有通货膨胀时，将短期国库券利率视作纯利率。

（2）通货膨胀溢价

通货膨胀溢价又称通货膨胀补偿，是由于持续的通货膨胀会不断降低货币的实际购买力，为补偿其购买力损失而要求提高的溢价或补偿。所以，无风险证券的利率，除纯利率之外还应加上通货膨胀因素，以补偿通货膨胀所遭受的损失。一般认为，政府发行的短期国库券利率是由纯利率和通货膨胀溢价两部分组成的。其表达式为：

$$短期无风险证券利率=纯利率+通货膨胀溢价$$

式中，计入利率的通货膨胀溢价不是过去实际达到的通货膨胀水平，而是对未来通货膨胀的预期。

（3）违约风险溢价

违约风险是指借款人无法按时支付利息或偿还本金而给投资人带来的风险。违约风险反映了借款人按期支付本金、利息的信用程度。借款人如经常不能按期支付本息，则说明该借款人的违约风险高。为了弥补违约风险，必须提高利率；否则，借款人就无法借到资金，投资人也不会进行投资。国库券由政府发行，可以视为没有违约风险，其利率一般较低。企业债券的违约风险则要根据企业的信用程度来定，企业的信用程度可分为若干等级。企业的信用等级越高，信用越好，违约风险越小，利率水平越低；信用较差，则违约风险大，利率水平高。一般将国库券与拥有相同到期日、变现力和其他特性的公司债券二者之间的利率差距作为违约风险溢价。

（4）流动性风险溢价

流动性是指某项资产迅速转化为现金的可能性。如果一项资产能迅速转化为现金，则说明其变现能力强，流动性好，流动性风险小；反之，则说明其变现能力弱，流动性不好，流动性风险大。政府债券、知名上市公司的股票与债券由于信用好、变现能力强，因此流动性风险小；而一些不知名的中小企业发行的证券，则流动性风险较大。一般而言，在其他因素均相同的情况下，流动性风险小和流动性风险大的证券利率差距介于1%～2%，这就是流动性风险溢价。

（5）期限风险溢价

一项负债到期日越长，债权人承受的不确定因素就越多，承担的风险也越大。为弥补这种风险而增加的利率水平叫作期限风险溢价。例如，同时发行的国库券，五年期的利率比三年期的利率高，银行存贷款利率原理相同。因此，长期利率一般要高于短期利率，这就是期限风险溢价。当然，在利率剧烈波动的情况下，也会出现短期利率高于长期利率的情况，但这种偶然情况并不影响上述结论。

三、企业组织形式

企业组织必须依法设立。企业设立的组织形式不同，其依照的法律规范也不同。一般，企业分为独资企业、合伙企业和公司制企业。不同的企业组织形式对财务管理有不同的影响。

（一）独资企业

独资企业是由一个自然人投资，全部资产为投资人个人所有，全部债务由投资者个人承担的经营实体。独资企业具有创立容易、经营管理灵活自由、不需要缴纳企业所得税等优点。

但对于独资企业业主而言：需要业主对企业债务承担无限责任，当企业的损失超过业主最初对企业的投资时，需要用业主个人的其他财产偿债；难以从外部获得大量资金用于经营；独资企业所有权的转移比较困难；企业的生命有限，将随着业主的死亡而自动消亡。

（二）合伙企业

合伙企业通常是由两个或两个以上的自然人（有时也包括法人或其他组织）合伙经营的企业。合伙企业是由各合伙人遵循自愿、平等、公平、诚实信用原则订立合伙协议，共同出资、合伙经营、共享收益、共担风险的营利性组织。合伙企业分为普通合伙企业和有限合伙企业。

普通合伙企业由普通合伙人组成，合伙人对合伙企业债务承担无限连带责任。依照《中华人民共和国合伙企业法》（以下简称《合伙企业法》）的规定，国有独资公司、国有企业、上市公司以及公益性的事业单位、社会团体不得成为普通合伙人。以专业知识和专门技能为客户提供有偿服务的专业服务机构，可以设立为特殊的普通合伙企业。一个合伙人或者数个合伙人在执业活动中因故意或者重大过失造成合伙企业债务的，应当承担无限责任或者无限连带责任，其他合伙人以其在合伙企业中的财产份额为限承担责任。合伙人在执业活动中非因故意或者重大过失造成的合伙企业债务以及合伙企业的其他债务，由全体合伙人承担无限连带责任。合伙人执业活动中因故意或者重大过失造成的合伙企业债务，以合伙企业财产对外承担责任后，该合伙人应当按照合伙协议的约定对给合伙企业造成的损失承担赔偿责任。

有限合伙企业由普通合伙人和有限合伙人组成，普通合伙人对合伙企业债务承担无限连带责任，有限合伙人以其认缴的出资额为限对合伙企业债务承担责任。有限合伙企业至少应当有一个普通合伙人，由普通合伙人执行合伙事务。有限合伙人不执行合伙事务，不得对外代表有限合伙企业。有限合伙人的下列行为，不视为执行合伙事务：参与决定普通合伙人入伙、退伙；对企业的经营管理提出建议；参与选择承办有限合伙企业审计业务的会计师事务所；获取经审计的有限合伙企业财务会计报告；对涉及自身利益的情况，查阅有限合伙企业财务会计账簿等财务资料；在有限合伙企业中的利益受到侵害时，向有责任的合伙人主张权利或者提起诉讼；执行事务合伙人怠于行使权利时，督促其行使权利或者为了本企业的利益以自己的名义提起诉讼；依法为本企业提供担保。有限合伙人转变为普通合伙人的，对其作为有限合伙人期间有限合伙企业发生的债务承担无限连带责任。普通合伙人转变为有限合伙人的，对其作为普通合伙人期间合伙企业发生的债务承担无限连带责任。

由于合伙企业与个人独资企业存在着共同缺陷，因此一些企业尽管在刚成立时以独资或合伙的形式出现，但是在发展到某一阶段后都将转换成公司的形式。

（三）公司制企业

公司制企业（以下简称“公司”）是由两个以上的股东共同出资，每个股东以其认缴的出资额或认购的股份对公司承担有限责任，公司以其全部资产对公司债务承担有限责任的法人企业。公司包括有限责任公司和股份有限公司两种形式。

有限责任公司简称有限公司，是指股东以其认缴的出资额为限对公司承担责任，公司以其全部财产为限对公司的债务承担责任的企业法人。根据《中华人民共和国公司法》（以下简称《公司法》）的规定，必须在公司名称中标明“有限责任公司”或者“有限公司”字样。

股份有限公司简称股份公司，是指其全部资本分为等额股份，股东以其所持股份为限对公司承担责任，公司以其全部财产对公司的债务承担责任的企业法人。

公司制企业的优点：容易转让所有权，公司的所有者权益被划分为若干股权份额，每个份额可以单独转让；有限债务责任，公司债务是法人的债务，不是所有者的债务。所有者对公司承担的责任以其出资额为限。当公司资产不足以偿还其所欠债务时，股东无须承担连带清偿责任；公司制企业可以无限存续，一个公司在最初的所有者和经营者退出后仍然可以继续存在；公司制企业融资渠道较多，更容易筹集所需资金。

公司制企业的缺点：组建公司的成本高，《公司法》对于设立公司的要求比设立独资企业或合伙企业复杂，并且需要提交一系列法律文件，花费的时间较长。公司成立后，政府对其监管比较严格，需要定期提交各种报告；存在代理问题，所有者和经营者分开以后，所有者成为委托人，经营者成为代理人，代理人可能为了自身利益而损害委托人利益；双重课税，公司作为独立的法人，其利润需缴纳企业所得税，企业利润分配给股东后，股东还需交纳个人所得税。

在以上三种形式的企业组织中，个人独资企业占企业总数的比重很大，但是绝大部分的商业资金是由公司控制的。因此，财务管理通常把公司理财作为讨论的重点。

四、法律环境对企业财务管理的影响

法律环境对企业财务活动的影响主要体现在国家制定的各项法规上。法律环境对企业的影响是多方面的，影响范围包括企业组织形式、公司治理结构、投融资活动、日常经营和收益分配等。例如，《公司法》规定，企业可以采用独资、合伙和公司制等企业组织形式。企业组织形式不同，业主（股东）权利责任、企业投融资、收益分配、纳税和信息披露等不同，公司治理结构也不同。例如，税收法律、法规对企业财务活动的影响主要表现为影响企业的投融资决策、现金流、利润和利润的分配。因此，企业的财务决策应适应税收政策的导向。企业应合理安排资本的投放以追求更大的经济效益。再如，财务法规。财务法规是规范企业财务活动、协调企业财务关系的行为准则。目前，我国的企业财务法规主要由《中华人民共和国企业财务通则》、行业财务制度及企业内部财务制度构成。《中华人民共和国企业财务通则》是财务法规体系的基础，规范了在我国境内设立的各类企业进行财务活动必须遵循的基本原则和规范；行业财务制度则是对各类行业进行财务活动所必须遵循的原则和一般要求所做的规范；企业内部财务制度是企业自身用来规范其内部财务活动行为，处理内部财务关系的具体规范。

第二章　筹资管理

第一节　筹资管理概述

一、企业筹资的动机

企业筹资是指企业为了满足经营活动、投资活动、资本结构管理和其他需要，运用一定的筹资方式，通过一定的筹资渠道，筹措和获取所需资金的一种财务行为。

企业筹资最基本的目的是维持企业的经营和发展，给企业的经营活动提供资金保障，但每一次的筹资行为往往都是事出有因的，如为提高技术水平购置新设备而筹资、为对外投资活动而筹资、为解决资金周转而筹资等。各种筹资原因，归纳起来表现为四类筹资动机：创立性筹资动机、支付性筹资动机、扩张性筹资动机和调整性筹资动机。

（一）创立性筹资动机

创立性筹资动机是指企业设立时，为取得资本金并形成开展经营活动的基本条件而产生的筹资动机。资金是设立企业的第一个环节，根据《公司法》《合伙企业法》《中华人民共和国个人独资企业法》等相关法律的规定，任何一个企业或公司在设立时都要求有符合企业章程或公司章程规定的全体股东认缴的出资额。企业创建时，要按照企业经营规模核定长期资本需要量和流动资金需要量，购建厂房设备等，形成企业的经营能力。

这样就需要筹措注册资本和资本公积等股权性资金，而不足部分则需要通过筹集债务性资金解决。

（二）支付性筹资动机

企业在开展经营活动过程中，经常会出现超出维持正常经营活动资金需求的季节性、临时性的交易支付需要，如购买原材料的大额支付、员工工资的集中发放、银行借款的提前偿还、股东股利的发放等。这些情况要求除了正常经营活动的资金投入以外，还需要通过经常的临时性筹资来满足经营活动的正常需求，维持企业的支付能力。这种为了满足经营业务活动的正常开展而发生的资金需求便是支付性筹资动机。

（三）扩张性筹资动机

扩张性筹资动机是指企业因扩大经营规模或对外投资需要而产生的筹资动机。企业维持简单再生产所需要的资金是稳定的，通常不需要或很少追加筹资。一旦企业扩大再生产，经营规模扩张，开展对外投资，就需要大量追加筹资。具有良好发展前景处于成长期的企业，往往会产生扩张性筹资动机。扩张性的筹资活动在筹资的时间和数量上都要服从于投资决策和投资计划的安排，避免资金的闲置和投资时机的贻误。扩张性筹资的直接结果往往是企业资产总规模的增加和资本结构的明显变化。

（四）调整性筹资动机

调整性筹资动机是指企业因调整资本结构而产生的筹资动机，目的在于降低资本成本，控制财务风险，提升企业价值。企业产生调整性筹资动机的具体原因大致有以下两个。

第一，优化资本结构，合理利用财务杠杆效应。随着企业的经营发展，很有可能出现债务资本比例过高或者股权资本比例较大的情况，债务过高会给企业带来较大的财务风险，而股权资本较高，企业的资本成本就会较大，这些均会使企业的资本结构不尽合理。企业可以通过调整性筹资增加股权或债务资金，达到调整、优化资本结构的目的。

第二，偿还到期债务，进行债务结构内部调整。如果流动负债比例过高，使得企业近期偿还债务的压力较大，可以举借长期债务来偿还部分短期债务。例如，一些债务即将到期，企业虽然有足够的偿债能力，但为了保持现有的资本结构，可以举借新债以偿还旧债。

调整性筹资的目的是调整资本结构，而不是为企业经营活动追加资金，这类筹资通常不会增加企业的资本总额。

企业通过追加筹资，既可以满足经营活动、投资活动的资金需要，又可以调整资本结构，这类情况很多，可以归纳为混合性筹资动机。混合性筹资动机一般是基于企业规模扩张和调整资本结构两种目的，兼具扩张性筹资动机和调整性筹资动机的特性，同时增加了企业的资产总额和资本总额，也导致企业的资产结构和资本结构同时变化。

二、企业筹资的原则

企业筹资是一项重要而复杂的工作，为了有效地筹集企业所需资金，在遵守国家有关法律和维护各方合法权益的前提下，还需要遵守以下基本原则。

（一）合理确定筹资规模

筹资规模即为企业筹集资金的总额。企业财务人员要认真分析企业生产、经营状况，采用科学的方法，预测不同时期的资金需要量，合理确定筹资规模。资金筹集不足既会影响生产经营的正常进行和贻误投资良机，也会因再筹资而增加费用支出；而资金筹集过多，会造成资金闲置浪费，影响资金使用效果，增加不必要的筹资费用支出。

（二）恰当安排筹资时间

企业财务人员在筹集资金时，必须熟知资金时间价值的原理和计算方法，以便根据资金需求的具体情况，制订筹资计划，恰当安排资金的筹集时间，适时获取所需资金，使资金的筹集和运用在时间上互相衔接。这既能避免过早筹集资金，造成资金投放前的闲置浪费，又能防止滞后筹资而错过资金投放的最佳时机，从而提高资金使用效果。

（三）选择最佳筹资方式

资金的来源渠道和资金市场为企业提供了资金的源泉和筹资场所，它反映资金的分布状况和供求关系，决定着筹资的难易程度。不同来源的资金，筹资风险和资本成本也不相同。因此，企业应认真研究资金来源渠道和资金市场，合理确定筹资方式，选择最佳资本结构，以降低资金成本。

（四）保持最佳资本结构

在确定筹资数量、筹资时间、资金来源的基础上，企业在筹资时还必须认真研究各种筹资方式的风险和效益。企业筹集资金必然要付出一定的代价和承担一定的风险，不同筹资方式的资金成本和风险有所不同，企业应保持最佳资本结构，使企业综合资金成本达到最低。因此，需要对各种筹资方式进行分析对比，选择经济可行、风险适度的筹资方式，确定合理的资本结构，既要通过负债经营获取较高效益，又要通过各种途径加强筹资风险控制，确保财务安全和稳定，达到风险与效益的统一。

三、企业筹资的类型

企业筹集的资本由于具体的属性、期限、范围和机制的不同形成不同的类型。不同类型资本的结合，就构成具体不同的筹资组合。企业筹资主要有以下四种分类方式。

（一）按筹集资金的权益性质划分

按性质不同，筹资可以分为权益性筹资、债务性筹资和混合性筹资三种。

1. 权益性筹资

权益资本由企业成立时各种投资者投入的资金以及企业在生产过程中形成的资本公积、盈余公积和未分配利润组成。权益资本的筹资方式主要有吸收直接投资、发行股票和内部积累等。由于权益资本在企业存续期间不需要偿还，属于企业永久性资本金，因而又称为企业自有资金、股权资本和主权资金。投资者将资金投入企业是期望获得较高的投资收益，加上投资人的利润分配是在企业支付各种税费之后对企业净利润的分配，所以权益资本对于企业来讲具有财务风险小、资本成本相对较高的特点。

2. 债务性筹资

债务性筹资是企业通过发行债券、向银行借款、融资租赁等方式筹集的资金属于企业的负债。对于债务资本，企业负有到期要归还本金和利息的法定责任，加上债务利息的固定性和在所得税税前支付等特点，债务资本对于企业来讲具有财务风险大、资本成本低的特点。

3. 混合性筹资

混合性筹资兼具权益性与债务性筹资的性质。我国目前常见的混合性筹资方式有发行可转换债券和发行认股权证。

（二）按筹集资金的使用期限划分

按使用期限不同，筹资划分为短期筹资和长期筹资。

1. 短期筹资

短期筹资是指企业筹集使用期限在一年以内（含一年）的资金。短期资金主要用于企业的流动资产和资金日常周转，一般在短期内需要偿还。短期筹资经常采用商业信用、短期借款等方式来筹集。

2. 长期筹资

长期筹资是指企业筹集使用期限在一年以上的资金。长期筹资的目的主要在于形成和更新企业的生产能力和经营能力，或扩大企业生产经营规模，或为对外投资筹集资金。长期筹资通常采取吸收直接投资、发行股票、发行债券、长期借款、融资租赁等方式，所形成的长期资金主要用于购建固定资产、形成无形资产、进行对外长期投资以及垫支铺底流动资金、产品和技术研发等。从资金权益性质来看，长期资金可以是权益资金，也可以是债务资金。

（三）按筹集资金的取得方式划分

按取得方式不同，筹资可分为内部筹资和外部筹资两种类型。

内部筹资是指资金直接来源于企业内部，又称内源性筹资。内部筹资主要是企业通过利润留存、计提折旧等方式形成的筹资来源。内部筹资数额大小主要取决于企业可分配利润的多少和利润分配政策，一般无须花费筹资费用，从而降低了资本成本。

外部筹资是指企业向外部筹措资金而形成的筹资来源，所筹资金主要来自企业外部。处于初创期的企业，内部筹资的可能性是有限的；处于成长期的企业，内部筹资往往难以满足需要，这就需要企业广泛地开展外部筹资，比如发行股票、债券，取得商业信用、银行借款等。企业向外部筹资大多需要花费一定的筹资费用，筹资成本便提高了。

（四）按是否通过媒介划分

根据企业筹资是否以金融机构为媒介来获取社会资金，可将企业筹资分为直接筹资和间接筹资两种类型。

直接筹资是企业直接与资金供应者协商融通资金的筹资活动。直接筹资不需要通过金融机构来筹措资金，是企业直接从社会取得资金的方式，主要有发行股票、发行债券、吸收直接投资等。直接筹资既可以筹集权益资金，也可以筹集债务资金。相对来说，直接筹资不仅手续比较复杂，而且筹资费用也相对较高，但筹资领域广阔，能够直接利用社会资金，有利于提高企业的知名度和资信度。

间接筹资是企业借助于银行和非银行金融机构而筹得资金的方式。在间接筹资方式下，银行等金融机构发挥中介作用，预先集聚资金，然后提供给企业。间接筹资的基本方式是银行借款，此外还有融资租赁等方式。通过间接筹资取得的主要是债务资金，目的是满足企业资金周转的需要。间接筹资手续相对比较简便，筹资效率高，虽筹资费用较低，但却容易受金融政策的制约和影响。

第二节　债务筹资

债务筹资形成企业的债务资金，是企业通过银行借款、向社会发行公司债券、融资租赁等方式筹集和取得的资金。常见的债务筹资形式有银行借款、发行公司债券、融资租赁。商业信用也是一种债务资金，但它是由企业间的商品或劳务交易形成的。

一、银行借款

银行借款是指企业向银行或其他非银行金融机构借入的、需要还本付息的款项，包括偿还期限超过一年的长期借款和不足一年（含一年）的短期借款，主要用于企业购建固定资产和满足流动资金周转的需要。银行借款的筹资特点：

（一）筹资速度快

与发行公司债券、融资租赁等其他债务筹资方式相比，银行借款的程序相对简单，所花时间较短，企业可以迅速获得所需资金。

（二）资本成本较低

利用银行借款筹资，一般都比发行债券和融资租赁的利息负担要低，而且无须支付证券发行费用、租赁手续费用等筹资费用。

（三）限制条款多

与发行公司债券相比，银行借款合同对借款用途有明确规定，通过借款的保护性条款对企业资本支出额度、再筹资、股利支付等行为有严格的约束，以后企业的生产经营活动和财务政策必将受到一定程度的影响。

二、发行公司债券

公司债券又称企业债券，是企业依照法定程序发行的、约定在一定期限内还本付息的有价证券。债券是持有人拥有企业债权的书面凭证，代表债券持券人与发债企业之间的债权债务关系。发行公司债券的筹资特点：

（一）一次筹资数额大

利用发行公司债券筹资，能够筹集大额的资金，满足企业大规模筹资的需要。这是与银行借款、融资租赁等债务筹资方式相比，企业选择发行公司债券筹资的主要原因，大额筹资能够适应大型企业经营的需要。

（二）募集资金的使用限制条件少

与银行借款相比，发行债券募集的资金在使用上相对具有灵活性和自主性，特别是发行债券所筹集的大额资金，能够用在流动性较差的公司长期资产上。从资金使用的性质来看，银行借款一般期限短、额度小，主要用途为增加适量存货或增加小型设备等；相反期限较长、额度较大，用于规模扩张、增加大型固定资产和基本建设投资的需求多采用发行债券的方式筹资。

（三）资本成本负担较高

相对于银行借款筹资，发行债券的利息负担和筹资费用都比较高，但公司债券的期限长，利率相对固定。在预计市场利率持续上升的金融市场环境下，发行公司债券筹资能够锁定资本成本。

（四）提高企业的社会声誉

国家对公司债券的发行主体有严格的资格限制，股份有限公司和有实力的有限责任公司一般会发行债券。通过发行公司债券，企业一方面筹集了大量资金，另一方面也扩大了企业的社会影响。

三、融资租赁

（一）租赁的含义

租赁是指通过签订资产出让合同的方式，使用资产的一方（承租方）通过支付租金，向出让资产的一方（出租方）取得资产使用权的一种交易行为。在这项交易中，承租方通过得到所需资产的使用权完成了筹集资金的行为。

（二）租赁的特征

1. 所有权与使用权相分离

租赁资产的所有权与使用权分离是租赁的主要特点之一。银行信用虽然也是所有权与使用权相分离，但载体是货币资金，租赁则是在资金与实物相结合基础上的分离。

2. 融资与融物相结合

租赁是以商品形态和货币形态相结合提供的信用活动，出租人在向企业出租资产的同时，解决了企业的资金需求，具有信用和贸易双重性质。它不同于一般的借钱还钱、借物还物的信用形式，而是借物还钱，并以分期支付租金的方式来体现。租赁的这一特点使银行信贷和财产信贷融合在一起，成为企业融资的一种特定形式。

3. 租金的分期支付

在租金的偿还方式上，租金与银行信用到期还本不一样，采取的是分期支付的方式。出租方的资金一次投入，分期收回。对于承租方而言，通过租赁可以提前获得资产的使用价值，分期支付租金便于分期规划未来的现金流出量。

（三）租赁的分类

1. 经营租赁

经营租赁是由租赁公司向承租单位在短期内提供设备，并提供维修、保养、人员培训等的一种服务性业务，又称服务性租赁。经营租赁的特点主要如下：

（1）出租的设备一般由租赁公司根据市场需要选定，然后再寻找承租企业。

（2）租赁期较短，相较于资产的有效使用期较短，在合理的限制条件内承租企业可以中途解约。

（3）租赁设备的维修、保养由租赁公司负责。

（4）租赁期满或合同中止以后，出租资产由租赁公司收回。

经营租赁比较适用于租用技术过时较快的生产设备。

2. 融资租赁

融资租赁是由租赁公司按承租单位要求出资购买设备，在较长的合同期内提供给承租单位使用的融资信用业务，它是以融通资金为主要目的的租赁。融资租赁的主要特点如下。

（1）出租的设备根据承租企业提出的要求购买，或者由承租企业直接从制造商或销售商那里选定。

(2) 租赁期较长，接近于资产的有效使用期，在租赁期间，双方无权取消合同。

(3) 由承租企业负责设备的维修、保养。

(4) 租赁期满，按事先约定的方法处理设备，包括退还租赁公司，或继续租赁，或企业留购。通常采用企业留购办法，即以很少的“名义价格”（相当于设备残值）买下设备。

(四) 融资租赁的基本程序

1. 选择租赁公司，提出委托申请

当企业决定采用融资租赁形式来获取某项设备时，需要了解各个租赁公司的资信情况、融资条件和租赁费率等，通过分析比较，选择一家作为租赁单位。然后，向租赁公司申请办理融资租赁。

2. 签订购货协议

由承租人企业和租赁公司中的一方或者双方，与选定的设备供应商进行购买设备的技术谈判和商务谈判，在此基础上与设备供应商签订购货协议。

3. 签订租赁合同

承租企业与租赁公司签订租赁设备的合同，如需要进口设备，还需要办理设备进口手续。租赁合同是租赁业务的重要文件，具有法律效力。融资租赁合同的内容可分为一般性条款和特殊性条款两部分。

4. 交货验收

设备供应商将设备发运到指定地点，承租企业要办理验收手续。验收合格之后，签发交货及验收证书交给租赁公司，作为其支付货款的依据。

5. 定期交付租金

承租企业按照租赁合同规定，分期交纳租金，这也就是承租企业对所筹资金的分期还款。

6. 合同期满处理设备

承租企业根据合同约定，选择对设备进行续租、退租或者留购。

(五) 融资租赁的基本形式

1. 直接租赁

直接租赁是融资租赁的主要形式，承租方提出租赁申请时，出租方按照承租方的要求选购设备，然后再出租给承租方。

2. 售后回租

售后回租是指承租方由于急需资金等各种原因，将自己的资产出售给出租方，然后以租赁的形式从出租方原封不动地租回资产的使用权。

3. 杠杆租赁

杠杆租赁是指涉及承租人、出租人和资金出借人三方的融资租赁业务。一般来说，当所涉及的资产价值昂贵时，出租方自己只投入部分资金，通常为资产价值的20%~40%，其余资金则通过将该资产抵押担保的方式，向第三方（通常为银行）申请贷款解决。然后，出租人将购进的设备出租给承租方，用收取的租金偿还贷款。该资产的所有权属于出租方。

此时，出租人既是债权人也是债务人，既要收取租金，又要支付债务。

（六）融资租赁的筹资特点

1. 不需要大量资金就能迅速获得资产

融资租赁集“融资”与“融物”于一身，融资租赁使企业在资金短缺的情况下引进设备成为可能，特别是对中小企业、新创企业而言，融资租赁是一条重要的融资途径。有时大型企业的大型设备、工具等固定资产，也需要通过融资租赁方式取得。

2. 融资租赁筹资的限制条件较少

企业运用股票、债券、长期借款等筹资方式，都受到相当多的资格条件的限制，如足够的抵押品、银行贷款的信用标准、发行债券的政府管制等。相比之下，融资租赁筹资的限制条件很少。

3. 风险小，财务优势明显

融资租赁与购买的一次性支出相比，能够避免一次性支付的负担，而且租金支出是未来的、分期的，企业无须一次筹集大量资金偿还。还款时，租金可以通过项目本身产生的收益来支付，是一种基于未来的“借鸡生蛋，卖蛋还钱”的筹资方式。

4. 能延长资金融通的期限

通常为设备而贷款的借款期限比该资产的物理寿命要短得多，而融资租赁的融资期限却可接近其全部使用寿命期限，并且其金额随设备价款金额而定，无融资额度的限制。

四、债务筹资的优缺点

（一）债务筹资的优点

1. 筹资速度较快

与股权筹资相比，债务筹资不需要经过复杂的审批手续和证券发行程序，如银行借款、融资租赁等，可以迅速地获得资金。

2. 资本成本负担较轻

一般来说，债务筹资的资本成本要低于股权筹资。一是取得资金的手续费用等筹资费用较低；二是利息、租金等用资费用比股权资本要低；三是利息等资本成本可以在税前支付。

3. 可以利用财务杠杆

债务筹资不改变公司的控制权，因而股东不会出于对控制权稀释的担心而反对公司举债。债权人从企业那里只能获得固定的利息或者租金，不能参加公司剩余收益的分配。当企业的资本报酬率（息税前利润率）高于债务利率时，会增加普通股股东的每股收益，提高净资产报酬率，提升企业价值。

4. 稳定公司的控制权

债权人无权参加企业的经营管理，利用债务筹资不会改变和分散股东对公司的控制权。

在信息沟通与披露等公司治理方面，债务筹资的代理成本也较低。

（二）债务筹资的缺点

1. 不能形成企业稳定的资本基础

债务资本有固定的到期日，到期需要偿还，只能作为企业的补充性资本来源。再加上取得债务往往需要进行信用评级，所以，没有信用基础的企业和新创企业往往难以取得足额的债务资本。现有债务资本在企业的资本结构中达到一定比例后，往往由于财务风险而不容易再取得新的债务资金。

2. 财务风险较大

债务资本有固定的到期日、固定的债息负担，通过抵押、质押等担保方式取得的债务，资本使用上可能会有特别的限制。这些都要求企业必须保证有一定的偿债能力，要保持资产流动性及资产报酬水平，作为债务清偿的保障，对企业的财务状况提出了更高的要求，否则会给企业带来财务危机，甚至导致企业破产。

3. 筹资数额有限

债务筹资的数额往往受到贷款机构资本实力的制约，除发行债券方式外，一般难以像发行股票那样一次筹集到大笔资金，因此无法满足公司大规模筹资的需要。

第三节　权益筹资

权益筹资形成企业的股权资金，是企业最基本的筹资方式。

一、吸收直接投资

吸收直接投资是指企业按照共同投资、共同经营、共担风险、共享收益的原则，直接吸收国家、法人、个人和外商投入资金的一种筹资方式。吸收直接投资是非股份制企业筹集权益资本的基本方式，采用吸收直接投资的企业，资本不分为等额股份，无须公开发行股票。吸收直接投资的实际出资额中，注册资本部分形成实收资本；超过注册资本的部分，属于资本溢价，形成资本公积。

（一）吸收直接投资的种类

1. 吸收国家投资

国家投资是指有权代表国家投资的政府部门或机构以国有资产投入公司，这种情况下形成的资本叫国有资本。根据《企业国有资本与财务管理暂行办法》的规定，在公司持续经营期间，以盈余公积、资本公积转增实收资本的，国有公司和国有独资公司由公司董事会或经理办公会决定，并报主管财政机关备案；股份有限公司和有限责任公司由董事会决定，并经股东大会审议通过。吸收国家投资一般具有三个特点：①产权归属国家；②资金的运用和处置受国家约束较大；③在国有企业中采用得比较广泛。

2. 吸收法人投资

法人单位以其依法可支配的资产投入公司，这种情况下形成的资本叫法人资本。吸收法人投资一般具有三个特点：①发生在法人单位之间；②以参与公司利润分配或控制为目的；③出资方式灵活多样。

3. 合资经营

合资经营是指两个或者两个以上的不同国家的投资者共同投资，创办企业，并且共同经营、共担风险、共负盈亏、共享利益的一种直接投资方式。在我国，中外合资经营企业亦称股权式合营企业，它是外国公司、企业和其他经济组织或个人同中国的公司、企业或其他经济组织在中国境内共同投资创办的企业。中外合资经营一般具有五个特点：第一，合资经营企业在中国境内，按中国法律规定取得法人资格，为中国法人；第二，合资经营企业为有限责任公司；第三，注册资本中，外方合营者的出资比例一般不低于25%；第四，合资经营期限遵循《中华人民共和国外商投资法》等相关法律规定；第五，合资经营企业的注册资本与投资总额之间应依法保持适当比例关系，投资总额是指按照合营企业合同和章程规定的生产规模需要投入的基本建设资金与生产流动资金的总和。

中外合资经营企业（合资企业）和中外合作经营企业（合作企业）都是中外双方共同出资、共同经营、共担风险和共负盈亏的企业。两者的主要区别在于：①合作企业可以依法取得中国法人资格，也可以办成不具备法人条件的企业，而合资企业必须是法人；②合作企业属于契约式的合营，它不以合营各方投入的资本数额、股权作为利润分配的依据，而是通过签订合同具体规定各方的权利和义务，而合资企业属于股权式企业，即以投资比例作为确定合营各方权利和义务的依据；③合作企业在遵守国家法律的前提下，可以通过合作合同来约定收益或产品的分配以及风险和亏损的分担，而合资企业则是根据各方注册资本的比例进行分配的。

4. 吸收社会公众投资

社会公众投资是指社会个人或本公司职工以个人合法财产投入公司，这种情况下形成的资本称为个人资本。吸收社会公众投资一般具有三个特点：①参加投资的人员较多；②每人投资的数额相对较少；③以参与公司利润分配为目的。

（二）吸收直接投资的筹资特点

1. 能够尽快形成生产能力

吸收直接投资不仅可以取得一部分货币资金，而且能够直接获得所需的先进设备和技术，尽快形成生产经营能力。

2. 容易进行信息沟通

吸收直接投资的投资者比较单一，股权没有社会化、分散化，投资者甚至会直接担任公司管理层职务，便于公司与投资者沟通。

3. 公司控制权集中，不利于公司治理

采用吸收直接投资方式筹资，投资者一般都要求获得与投资数额相适应的经营管理权。

如果某个投资者的投资额比例较高，则该投资者对企业的经营管理就会有相当大的控制权，容易损害其他投资者的利益。

4. 不利于进行产权交易

吸收投入资本没有证券作为媒介，不利于产权交易，难以进行产权转让。

二、发行普通股股票

股票是股份有限公司为筹措股权资本而发行的有价证券，是公司签发的证明股东持有公司股份的凭证。股票作为一种所有权凭证，代表着对发行公司净资产的所有权，只能由股份有限公司发行。

（一）股票的特点

1. 永久性

公司发行股票筹集的资金属于公司的长期自有资金，没有期限，无须归还。换言之，股东在购买股票之后，一般情况下不能要求发行企业退还股金。

2. 流通性

股票作为一种有价证券，在资本市场上可以自由流通，也可以继承、赠送或作为抵押品。股票特别是上市公司发行的股票具有很强的变现能力，流通性很强。

3. 风险性

由于股票的永久性，股东成了企业风险的主要承担者。风险的表现形式有：股票价格的波动性、红利的不确定性、破产清算时股东处于剩余财产分配的最后顺序等。

4. 参与性

股东作为股份有限公司的所有者，拥有参与企业管理的权利，包括重大决策权、经营者选择权、财务监控权、公司经营的建议和质询权等。此外，股东还有承担有限责任、遵守公司章程等义务。

（二）股东的权利

股东最基本的权利是按投入公司的股份额，依法享有公司收益、参与公司重大决策和选择公司管理者的权利，并以其所持股份为限对公司承担责任。

1. 公司管理权

股东对公司的管理权主要体现在重大决策参与权、经营者选择权、财务监控权、公司经营的建议和质询权、股东大会召集权等方面。

2. 收益分享权

股东有权通过股利方式获取公司的税后利润，利润分配方案由董事会提出并经过股东大会批准。

3. 股份转让权

股东有权将其持有的股票出售或者转让。

4. 优先认股权

原有股东拥有优先认购本公司增发股票的权利。

5. 剩余财产要求权

当公司解散、清算时，股东有清偿债务、清偿优先股股东以后的剩余财产的索取权利。

（三）股票的分类

1. 按股东权利和义务划分

按股东权利和义务，股票分为普通股股票和优先股股票。

普通股股票简称普通股，是公司发行的代表着股东享有平等的权利、义务，不加特别限制的、股利不固定的股票。普通股是最基本的股票，股份有限公司通常情况下只发行普通股。

依照《公司法》的规定，普通股股东主要有以下权利。

（1）出席或委托代理人出席股东大会，并依公司章程规定行使表决权。这是普通股股东参与公司经营管理的基本方式。

（2）股份转让权。股东持有的股份可以自由转让，但必须按照《公司法》、其他法规和公司章程规定的条件和程序进行。

（3）股利分配请求权。分享盈余也是普通股股东的一项基本权利。盈余的分配方案由股东大会决定，每一个会计年度由董事会根据企业的盈利数额和财务状况来决定分发股利的多少并经股东大会批准通过。

（4）对公司账目和股东大会决议的审查权和对公司事务的质询权。

（5）分配公司剩余财产的权利。当公司解散、清算时，普通股股东有分配公司剩余财产的权利。但是，公司破产清算时，财产的变价收入首先要用来清偿债务，然后支付给优先股股东，最后才能分配给普通股股东。所以，在破产清算时，普通股股东实际上很少能分到剩余财产。

（6）公司章程规定的其他权利。

同时，普通股股东也基于其资格，对公司负有义务。《公司法》中规定了股东具有遵守公司章程、缴纳股款、对公司负有有限责任、不得退股等义务。

优先股股票简称优先股，是公司发行的相对于普通股具有一定优先权的股票。其优先权利主要表现在股利分配优先权和获取剩余财产优先权上。优先股股东在股东大会上无表决权，在参与公司经营管理上受到一定限制，仅对涉及优先股权利的问题有表决权。

2. 按票面是否记名划分

按票面是否记名，股票分为记名股票和无记名股票。

记名股票是指在股票票面上记载有股东姓名或将名称记入公司股东名册的股票；无记名股票不登记股东名称，公司只记载股票数量、编号以及发行日期。《公司法》规定，公司向发起人、国家授权投资机构、法人发行的股票，为记名股票；向社会公众发行的股票，可以为记名股票，也可以为无记名股票。

3. 按发行对象和上市地点划分

按发行对象和上市地点，股票分为 A 股、B 股、H 股、N 股和 S 股等。

A 股是指人民币普通股票，由我国境内公司发行，在境内上市交易，以人民币标明面值，以人民币认购和交易。

B 股是指人民币特种股票，由我国境内公司发行，在境内上市交易，以人民币标明面值，以外币认购和交易。

H 股是指公司注册地在内地，在我国香港上市的股票。依次类推，在纽约和新加坡上市的股票，就分别称为 N 股和 S 股。

4. 按投资主体划分

按投资主体，股票分为国家股、法人股、个人股和外资股。

国家股是指有权代表国家投资的政府部门或机构以国有资产投入公司所形成的股份。国家股的股权所有者是国家，由国有资产管理机构或其授权单位行使国有资产的所有权职能。国家股股权也包含国有企业向股份有限公司形式改制变更时，现有国有资产折成的股份。

法人股指企业法人或具有法人资格的事业单位和社会团体，以其依法可经营的资产向公司投资所形成的股份。根据认购对象，法人股可进一步细分为境内发起法人股、外资法人股和募集法人股三类。在股权分置改革之前，法人股与国家股都是不能上市交易的“非流通股”。但股权分置改革之后，这部分“非流通股”会陆续变成可以在二级市场自由交易的流通股。

个人股是指以个人合法财产向公司投资形成的股份，在我国有两种类型：一种是股份制企业内部职工认购本企业的股份，称为“职工股”；另一种是股份制企业向社会公众招募的个人股，称为“私人股”。

外资股是指股份有限公司向外国和我国香港、澳门、台湾地区投资者发行的股票。它是我国股份公司吸收外资的一种方式。外资股根据上市地域可以分为境内上市外资股和境外上市外资股。

除上述分类外，根据股票是否具有面值可分为有面值股票和无面值股票；按照股票上表示的份数又可分为单一股票和复数股票。

（四）股票的发行和销售方式

1. 发行方式

（1）公开间接发行

公开间接发行股票是指股份有限公司通过中介机构向社会公众公开发行股票。采用募集设立方式成立的股份有限公司向社会公开发行股票时，必须由有资格的证券经营中介机构，如证券公司、信托投资公司等承销。这种发行方式发行范围广、发行对象多、易于足额筹集资本。公开发行股票还有利于提高公司的知名度，扩大其影响力，但公开发行方式审批手续复杂严格，发行成本高。

（2）非公开直接发行

非公开直接发行股票是指股份有限公司只向少数特定对象直接发行股票，不需要中介机构承销。用发起设立方式成立和向特定对象募集方式发行新股的股份有限公司，向发起人和特定对象发行股票，采用直接将股票销售给认购者的自销方式。这种发行方式弹性较大，企业能控制股票的发行过程，节省发行费用。但这种发行方式发行范围小，不易及时足额筹集资本，发行后股票的变现性差。

2. 销售方式

销售方式主要是指股份有限公司向社会公开发行股票时所采取的股票销售方法，目前主要有两种方式：

（1）自行销售

自行销售是指发行公司自己将股票销售给认购者。这种销售方式可由发行公司直接控制发行过程，实现发行意图，进而节省发行费用，但对应的发行时间也相对较长，发行公司要承担全部的发行风险，且对发行公司的知名度和实力等有着较高的要求。

（2）委托中介机构销售

委托中介机构销售是指发行公司将股票销售业务委托给证券经营机构代理，这种方式也是较为常见的发行方式。《公司法》规定，股份有限公司向社会公开发行股票，必须与依法设立的证券经营机构签订承销协议，由证券经营机构承销。

（五）股票的上市交易

1. 股票上市的目的

股票上市的目的是多方面的，主要包括以下几个方面。

（1）便于筹措新资金

证券市场是一个资本商品的买卖市场，有众多的资金供应者。同时，股票上市经过了政府机构的审查批准并接受了严格的管理，执行股票上市和信息披露的规定，容易吸引社会资本投资者。另外，公司上市后，还可以通过配股，增发和发行可转换债券等方式进行再融资。

（2）促进股权流通和转让

股票上市后便于投资者购买，提高了股权的流动性和股票的变现力，便于投资者认购和交易。

（3）便于确定公司价值

股票上市后，公司股价有市价可循，便于确定公司的价值。对于上市公司来说，即时的股票交易行情就是对公司价值的市场评价。同时，市场行情也能够为公司收购、兼并等资本运作提供询价基础。

但股票上市也有对公司不利影响的一面，主要是：上市成本较高，手续复杂严格；公司将负担较高的信息披露成本；信息公开的要求可能会暴露公司商业机密；股价有时会歪曲公司的实际情况，影响公司声誉；可能会分散公司的控制权，造成管理上的困难。

2. 上市公司的股票发行

（1）发行类型

上市的股份有限公司在证券市场上发行股票包括公开发行和非公开发行两种类型。公开发行股票又分为首次上市公开发行股票和上市公开发行股票；非公开发行即向投资者发行，也叫定向发行。

首次上市公开发行股票（Initial Public Offering，IPO），是指股份有限公司对社会公开发行股票并上市流通和交易。实施 IPO 的公司，自股份有限公司成立后，持续经营时间应当在三年以上（经国务院特别批准的除外），应当符合中国证监会《首次公开发行股票并上市管理办法》规定的相关条件，并经中国证监会核准。

实施 IPO 发行的基本程序是：公司董事会应当依法就本次股票发行的具体方案、本次募集资金使用的可行性及其他事项作出决议，并提请股东大会批准；公司股东大会就本次发行股票做出决议；由保荐人保荐并向证监会申报；证监会受理，并审批核准；自证监会核准发行之日起公司应在6个月内公开发行股票，超过6个月未发行的，核准失效，须经证监会重新核准后方可发行。

上市公开发行股票，是指股份有限公司已经上市后，通过证券交易所在证券市场上对社会公开发行股票。上市公开发行股票，包括增发和配股两种方式。其中：增发是指上市公司向社会公众发售股票的再融资方式；配股是指上市公司向原有股东配售股票的再融资方式。

上市公司非公开发行股票，是指上市公司采用非公开方式，向特定对象发行股票的行为，也叫定向募集增发。定向募集增发的对象可以是老股东，也可以是新投资者，但发行对象不超过10名，发行对象为境外战略投资者的，应当经国务院相关部门事先批准。

上市公司定向募集增发的优势在于：①有利于引入战略投资者和机构投资者；②有利于利用上市公司的市场化估值溢价，将母公司资产通过资本市场放大，从而提升母公司的资产价值；③定向募集增发是一种主要的并购手段，特别是资产并购型定向募集增发，有利于集团企业整体上市，同时减轻并购的现金流压力。

（2）发行价格

股票的发行价格通常有三种：平价发行、溢价发行和折价发行。

平价发行又称为面值发行，即以股票的票面金额为发行价格。溢价发行又可以称为时价发行，主要是以流通市场上的股票价格（通常高于票面价格）为基础来确定股票发行价格。发行价格与票面价格之间的差价归股份有限公司所有，列入公司的资本公积。折价发行是指按照低于票面金额的价格也就是打折后的价格发行股票，发行价格和面额间的差额由公司的公积金进行抵补。这种发行方式要么是优惠性的销售，要么是股票行情不佳，发行存在一定困难。这种发行方式会造成公司的实有资本少于公司的应有资本，不符合我们国家公司资本务必充实的原则，因此我们国家不允许折价发行。

（六）发行普通股股票的筹资特点

1. 两权分离，有利于公司自主经营管理

通过对外发行股票筹资，公司的所有权与经营权相分离，分散了公司控制权，有利于公司自主管理、自主经营。普通股筹资的股东众多，公司日常经营管理事务主要由公司的董事会和经理层负责。但公司的控制权分散，公司容易被经理人控制。

2. 资本成本较高

由于股票投资的风险较高，收益具有不确定性，投资者就会要求较高的风险补偿，因此股票筹资的资本成本较高。

3. 能提高公司的社会声誉，促进股权流通和转让

普通股筹资，股东的大众化为公司带来了广泛的社会影响。特别是上市公司，其股票的流通性强，有利于市场确认公司的价值。普通股筹资以股票作为媒介，便于股权的流通和转让，从而吸收新的投资者。但是，流通性强的股票交易，也容易在资本市场上被恶意收购。

4. 不利于及时形成生产能力

普通股筹资吸收的一般都是货币资金，还需要通过购置和建造形成生产经营能力。相对于吸收直接投资方式来说，不易及时形成生产能力。

三、利用留存收益

（一）留存收益的性质

从性质上看，企业通过合法有效的经营所实现的税后净利润，都属于企业的所有者。因此，属于所有者的利润包括分配给所有者的利润和尚未分配留存于企业的利润。

企业将本年度的利润部分甚至全部留存下来的原因很多，主要包括三点：一是收益的确认和计量是建立在权责发生制基础上的，企业有利润，但不一定有相应的现金净流量增加，因而企业不一定有足够的现金将利润全部或部分给所有者。二是法律法规从保护债权人利益和要求企业可持续发展等角度出发，限制企业将利润全部分配出去。根据《公司法》的规定，企业每年的税后利润，必须提取10%的法定盈余公积金。三是企业基于自身的扩大再生产和筹资需求，也会将一部分利润留存下来。

（二）留存收益的筹资途径

1. 提取盈余公积金

盈余公积金是指有指定用途的留存净利润，其提取基数是抵减年初累计亏损后的本年度净利润。盈余公积金主要用于企业未来的经营发展，经投资者审议后也可以用于转增股本（实收资本）和弥补以前年度的经营亏损。盈余公积金不得用于以后年度的对外利润分配。

2. 未分配利润

未分配利润是指未限定用途的留存净利润。未分配利润有两层含义：一是这部分净利润本年没有分配给公司的股东投资者；二是这部分净利润未指定用途，可以用于企业未来的经营发展、转增股本（实收资本）、弥补以前年度的经营亏损、以后年度利润分配。

3. 留存收益的筹资特点

（1）不用发生筹资费用。与普通股筹资等从外界筹集长期资本的方式相比，留存收益筹资不需要发生筹资费用，资本成本较低。

（2）维持公司的控制权分布。利用留存收益筹资，不用对外发行新股或吸收新投资者，由此增加的权益资本不会改变公司的股权结构，不会稀释原有股东的控制权。

（3）筹资数额有限。当期留存收益的最大数额是当期的净利润，不像外部筹资一样可以一次性筹集大量资金。如果企业发生亏损，当年没有利润留存；另外，股东和投资者从自身期望出发，往往希望企业每年发放一定股利，保持一定的利润分配比例，这都会影响筹资数额。

四、股权筹资的优缺点

（一）优点

1. 股权筹资是企业稳定的资本基础

股权资本没有固定的到期日，无须偿还，是企业的永久性资本，只有企业清算时才有可能予以偿还。这对于保障企业对资本的最低需求、促进企业长期持续稳定经营具有重要意义。

2. 股权筹资是企业良好的信誉基础

股权资本作为企业最基本的资本，代表了公司的资本实力，是企业与其他单位组织开展经营业务、进行业务活动的信誉基础。同时，股权资本也是用其他方式筹资的基础，尤其可为债务筹资，包括银行借款、发行公司债券等提供信用保障。

3. 股权筹资的财务风险较小

股权资本不用在企业正常营运期内偿还，没有还本付息的财务压力。相对于债务资金而言，股权资本筹资限制少，资本使用上也无特别限制。另外，企业可以根据其经营状况好坏和业绩的好坏，决定向投资者支付报酬的多少。

（二）缺点

1. 资本成本负担较重

一般而言，股权筹资的资本成本要高于债务筹资。这主要是由于投资者投资于股权特别是投资于股票的风险较高，投资者或股东相应要求得到较高的报酬率。从企业成本开支的角度来看，股利、红利从税后利润中支付，而使用债务资金的资本成本允许税前扣除。

此外，普通股的发行、上市等方面的费用也十分庞大。

2. 控制权变更可能影响企业长期稳定发展

利用股权筹资，由于引进了新的投资者，必然会导致公司控制权结构的改变，而控制权变更过于频繁，又势必影响公司管理层的人事变动和决策效率，影响公司的正常经营。

3. 信息沟通与披露成本较大

投资者或股东作为企业的所有者，有了解企业经营业务、财务状况、经营成果等权利。企业需要通过各种渠道和方式加强与投资者的关系管理，保障投资者的权益。特别是上市公司，股东众多且较分散，只能通过公司的公开信息披露了解公司状况，这就需要公司花更多的精力。有些公司还需要设置专门的部门，进行公司的信息披露和投资者关系管理。

第三章　营运资金管理

第一节　营运资金管理概述

一、营运资金的概念及特点

（一）营运资金的概念

营运资金是指在企业生产经营活动中占用在流动资产上的资金。营运资金有广义和狭义之分：广义的营运资金是指一个企业流动资产的总额；狭义的营运资金是指流动资产减去流动负债后的余额。本书指的是狭义的营运资金概念。营运资金的管理既包括流动资产的管理，也包括流动负债的管理。

1．流动资产

流动资产是指可以在一年以内或超过一年的一个营业周期内变现或运用的资产，具有占用时间短、周转快、易变现等特点。企业拥有较多的流动资产，可在一定程度上降低财务风险。流动资产按不同的标准可进行不同的分类，常见的分类方式如下。

（1）按占用形态不同，分为现金、以公允价值计量且其变动计入当期损益的金融资产、应收及预付款项和存货等。

（2）按在生产经营过程中所处的环节不同，分为生产领域中的流动资产、流通领域中的流动资产以及其他领域中的流动资产。

2．流动负债

流动负债是指需要在一年或超过一年的一个营业周期内偿还的债务。流动负债又称短期负债，具有成本低、偿还期短的特点，必须加强管理。流动负债按不同标准可进行不同分类，最常见的分类方式如下。

（1）以应付金额是否确定为标准，可以分成应付金额确定的流动负债和应付金额不确定的流动负债。应付金额确定的流动负债是指那些根据合同或法律规定到期必须偿付并有确定金额的流动负债，如短期借款、应付票据、应付短期融资券等；应付金额不确定的流动负债是指那些要根据企业生产经营状况，到一定时期或具备一定条件时才能确定的流动负债，或应付金额需要估计的流动负债，如应交税费、应付产品质量担保债务等。

（2）以流动负债的形成情况为标准，可以分成自然性流动负债和人为性流动负债。自然性流动负债是指不需要正式安排，由于结算程序或有关法律法规的规定等原因而自然形成的流动负债；人为性流动负债是指由财务人员根据企业对短期资金的需求情况，通过人为安排所形成的流动负债，如短期银行借款等。

（3）以是否支付利息为标准，可以分为有息流动负债和无息流动负债。

（二）营运资金的特点

为了有效地管理企业的营运资金，必须研究营运资金的特点，以便有针对性地进行管理。营运资金一般具有如下特点。

1. 营运资金的来源具有多样性

企业筹集长期资金的方式一般较少，只有吸收直接投资、发行股票、发行债券等方式。与筹集长期资金的方式相比，企业筹集营运资金的方式较为灵活多样，通常有银行短期借款、短期融资券、商业信用、应交税费、应付股利、应付职工薪酬等多种内外部融资方式。

2. 营运资金的数量具有波动性

流动资产的数量会随企业内外条件的变化而变化，时高时低，波动很大。季节性企业如此，非季节性企业也如此。随着流动资产数量的变动，流动负债的数量也会相应发生变动。

3. 营运资金的周转具有短期性

企业占用在流动资产上的资金，通常会在 1 年或超过 1 年的一个营业周期内收回，对企业影响的时间比较短。根据这一特点，营运资金可以用商业信用、银行短期借款等短期筹资方式来解决。

4. 营运资金的实物形态具有变动性和易变现性

企业营运资金的占用形态是经常变化的，营运资金的每次循环都要经过采购、生产、销售等过程，一般按照现金、材料、在产品、产成品、应收账款、现金的顺序转化。为此，在进行流动资产管理时，必须在各项流动资产上合理配置资金数额，做到结构合理，以促进资金周转顺利进行。同时，以公允价值计量且其变动计入当期损益的金融资产、应收账款、存货等流动资产一般具有较强的变现能力，如果遇到意外情况，如企业资金周转不灵、现金短缺，便可迅速变卖这些资产，以获取现金，这对财务上应付临时性资金需求具有重要意义。

二、营运资金的管理原则

企业的营运资金在全部资金中占有相当大的比重，而且周转期短，形态易变，因此，营运资金管理是企业财务管理工作的一项重要内容。企业进行营运资金管理，应遵循以下原则。

（一）满足合理的资金需求

企业应认真分析生产经营状况，合理确定营运资金的需要数量，企业营运资金的需要数量与企业生产经营活动有直接关系。一般情况下，当企业产销两旺时，流动资产会不断增加，流动负债也会相应增加；而当企业产销量不断减少时，流动资产和流动负债也会相应减少。因此，企业财务人员应认真分析生产经营状况，采用一定的方法预测营运资金的需要，营运资金的管理必须把满足正常合理的资金需求作为首要任务。

（二）提高资金使用效率

营运资金的周转是指企业的营运资金从现金投入生产经营开始，到最终转化为现金的过程。加速资金周转是提高资金使用效率的主要手段之一。提高营运资金使用效率的关键是采取得力措施，缩短营业周期，加速变现过程，加快营运资金周转。因此，企业要千方百计地加速存货、应收账款等流动资产的周转，以便用有限的资金服务于更大的产业规模。

（三）节约资金使用成本

在营运资金管理中，必须正确处理保证生产经营需要和节约资金使用成本两者之间的关系。要在保证生产经营需要的前提下，尽力降低资金使用成本。一方面，要挖掘资金潜力，加速资金周转，精打细算地使用资金；另一方面，积极拓展融资渠道，合理配置资源，筹措低成本资金，服务于生产经营。

（四）保持足够的短期偿债能力

偿债能力是衡量企业财务风险高低的指标之一。合理安排流动资产与流动负债的比例关系，保持流动资产结构与流动负债结构的适配性，保证企业有足够的短期偿债能力，是营运资金管理的重要原则之一。流动资产、流动负债以及两者之间的关系能较好地反映企业的短期偿债能力。流动负债是在短期内需要偿还的债务，而流动资产则是在短期内可以转化为现金的资产。企业流动资产的流动性强，相应的短期偿债能力较强；反之，也不是正常现象，这可能是流动资产闲置或流动负债利用不足所致。

第二节　现金管理

现金有广义、狭义之分。广义的现金是指在生产经营过程中以货币形态存在的资金，包括库存现金、银行存款和其他货币资金等；狭义的现金仅指库存现金。这里所讲的现金是指广义的现金。

保持合理的现金水平是企业现金管理的重要内容。现金是变现能力最强的资产，代表着企业直接的支付能力和应变能力，可以用来满足生产经营开支的各种需要，也是还本付息和履行纳税义务的保证。拥有足够的现金，对于降低企业的风险、增强企业资产的流动性和债务的可清偿性有着重要的意义。但现金收益性最弱，对其持有量不是越多越好，即使是银行存款，其利率也非常低。因此，现金存量过多，它所提供的流动性边际效益便会随之下降，从而使企业的收益水平下降。

除应付日常的业务活动外，企业还需要拥有足够的现金偿还贷款等。企业必须建立一套管理现金的方法，持有合理的现金数额，使其在时间上继起，在空间上并存，在现金的流动性和收益性之间进行合理选择。企业必须编制现金预算，以衡量企业在某段时间内的现金流入量与流出量，以便在保证企业正常经营活动所需现金的同时，尽量减少企业的现金数量，从暂时闲置的现金中获得最大的收益，提高资金收益率。

一、持有现金的动机

持有现金是出于三种需求：交易性需求、预防性需求和投机性需求。

（一）交易性需求

企业的交易性需求是指企业为了维持日常周转及正常商业活动而需持有现金。企业每天都在发生许多支出和收入，这些支出和收入在数额上不相等，在时间上不匹配，企业需要持有现金。企业每天都在发生许多支出和收入，这些支出和收入在数额上不相等，在时间上不匹配，企业需要持有一定现金来调节，以使生产经营活动继续进行。

在许多情况下，企业向客户提供的商业信用条件和它从供应商那里获得的信用条件不同，使企业必须持有现金。如供应商提供的信用条件是30天付款，而企业迫于竞争压力，则向顾客提供45天的信用期，这样，企业必须筹集满足15天正常运营的资金来维持企业的运转。另外，企业业务的季节性，要求企业逐渐增加存货以等待季节性的销售高潮。这时，一般会发生季节性的现金支出，企业现金余额下降，随后又随着销售高潮到来，存货减少，现金又逐渐恢复到原来的水平。

（二）预防性需求

预防性需求是指企业需要持有一定量的现金，以应付突发事件。这种突发事件可能是社会经济环境变化，也可能是企业的某大客户违约导致企业突发性偿付等。尽管财务人员试图利用各种手段来较准确地估算企业需要的现金数额，但这些突发事件会使原本很好的财务计划失去效果。因此，企业为了应付突发事件，有必要维持比日常正常运转所需金额更多的现金。

确定预防性需求的现金数额时，需要考虑三个因素：①企业愿冒现金短缺风险的程度；②企业预测现金收支可靠的程度；③企业临时融资的能力。希望尽可能减少风险的企业倾向于保留大量的现金余额，以应付其交易性需求和大部分预防性资金需求。现金收支预测可靠程度较高、信誉良好、与银行关系良好的企业，预防性需求的现金持有量一般较低。

（三）投机性需求

投机性需求是企业需要持有一定量的现金以抓住突然出现的获利机会。这种机会大多是一闪即逝的，如证券价格的突然下跌，企业若没有用于投机的现金，就会错过这种机会。

企业的现金持有量一般小于三种需求下的现金持有量之和，因为某一需求持有的现金可以用于满足其他需求。

二、目标现金余额的确定

（一）成本分析模式

成本分析模式强调的是：持有现金是有成本的，最优的现金持有量是使得现金持有成本最小化的持有量。

1. 机会成本

现金的机会成本是指企业因持有一定现金余额而丧失的再投资收益。再投资收益是企业不能同时用该现金进行有价证券投资所产生的机会成本，这种成本在数额上等于资金成本。例如，某企业的资本成本率为10%，年均持有现金50万元，则该企业每年持有现金的机会成本为5万元（50×10%）。放弃的再投资收益即机会成本属于变动成本，它与现金持有量的多少密切相关，即现金持有量越大，机会成本越大，反之就越小。

2. 管理成本

现金的管理成本是指企业因持有一定数量的现金而发生的管理费用，如管理人员工资、安全措施费用等。一般认为这是一种固定成本，这种固定成本在一定范围内和现金持有量之间没有明显的比例关系。

3. 短缺成本

现金的短缺成本是指在现金持有量不足，又无法及时通过有价证券变现加以补充而给企业造成的损失，包括直接损失与间接损失。现金的短缺成本随现金持有量的增加而下降，随现金持有量的减少而上升，即与现金持有量呈负相关。

成本分析模式是根据现金相关成本，分析预测其总成本最低时的现金持有量的一种方法。其计算公式为：

最佳现金持有量下的现金相关成本=min（管理成本+机会成本+短缺成本）

其中：管理成本属于固定成本；机会成本是正相关成本；短缺成本是负相关成本。因此，成本分析模式是要找到机会成本、管理成本和短缺成本所组成的总成本曲线最低点所对应的现金持有量，把它作为最佳现金持有量。

在实际工作中，运用成本分析模式确定最佳现金持有量的具体步骤如下：

（1）根据不同现金持有量测算并确定有关成本数值。

（2）按照不同现金持有量及其相关成本资料编制最佳现金持有量测算表。

（3）在测算表中找出总成本最低时的现金持有量，即最佳现金持有量。

由成本分析模式可知：如果减少现金持有量，则增加短缺成本；如果增加现金持有量，则增加机会成本。改进上述关系的一种办法是：当拥有多余现金时，将现金转换为有价证券；当现金不足时，将有价证券转换成现金。但现金和有价证券之间的转换也需要成本，称为转换成本。转换成本是指企业用现金购入有价证券以及用有价证券换取现金时付出的交易费用，即现金同有价证券之间相互转换的成本，如买卖佣金、手续费、证券过户费、印花税、实物交割费等。转换成本可以分为两类：一是与委托金额相关的费用，如买卖佣金、印花税等；二是与委托金额无关，只与转换次数有关的费用，如委托手续费、过户费等。证券转换成本与现金持有量即有价证券变现额的多少，必然对有价证券的变现次数产生影响，即现金持有量越少，进行证券变现的次数越多，相应的转换成本就越大。

（二）存货模式

企业平时持有较多的现金，会降低现金的短缺成本，但也会增加现金占用的机会成本：平时持有较少的现金，则会增加现金的短缺成本，却能减少现金占用的机会成本。如果企业平时只持有较少的现金，在有现金需要时（如手头的现金用尽），通过出售有价证券换回现金（或从银行借入现金），既能满足现金的需要，避免短缺成本，又能减少机会成本。因此，适当的现金与有价证券之间的转换，是企业提高资金使用效率的有效途径。这与企业奉行的营运资金政策有关。采用宽松的流动资产投资政策时，保留较多的现金，则转换次数少。如果经常进行大量的有价证券与现金的转换，则会加大转换交易成本，因此，如何确定有价证券与现金的每次转换量，是一个需要研究的问题。这可以应用现金持有量的存货模式解决。

有价证券转换回现金所付出的代价（如支付手续费用），被称为现金的交易成本。现金的交易成本与现金转换次数、每次的转换量有关。假定现金每次的交易成本是固定的，在企业一定时期的现金使用量确定的前提下，每次以有价证券转换回现金的金额越大，企业平时持有的现金量便越高，转换的次数便越少，现金的交易成本就越低；相反，每次转换回现金的金额越低，企业平时持有的现金量便越低，转换的次数会越多，现金的交易成本就越高。可见，现金交易成本与持有量成反比。

（三）随机模式

在实际工作中，企业现金流量往往具有很大的不确定性。假定每日现金流量的分布接近正态分布，每日现金流量可能低于也可能高于期望值，其变化是随机的。现金流量波动是随机的，只能对现金持有量确定一个控制区域，定出上限和下限。当企业现金余额在上限和下限之间波动时，表明企业现金持有量处于合理的水平，无须进行调整。当现金余额达到上限时，则将部分现金转换为有价证券；当现金余额下降到下限时，则卖出部分证券。

运用随机模式求现金最佳持有量符合随机思想，即企业现金支出是随机的，收入是无法预知的，所以，适用于所有企业现金最佳持有量的测算。另外，随机模式建立在企业的现金未来需求总量和收支不可预测的前提下，因此，计算出来的现金持有量比较保守。

三、现金管理模式

(一)“收支两条线”资金管理模式

“收支两条线”原本是政府为了加强财政管理和整顿财政秩序对财政资金采取的一种管理模式。当前，企业特别是大型集团企业，也纷纷采用“收支两条线”资金管理模式。

1. 企业实行“收支两条线”资金管理模式的目的

企业作为追求价值最大化的营利组织，实施“收支两条线”资金管理模式主要出于两个目的：一是对企业范围内的现金进行集中管理，减少现金持有成本，加速资金周转，提高资金使用效率；二是以实施“收支两条线”为切入点，通过高效的价值化管理来提高企业效益。

2.“收支两条线”资金管理模式的构建

企业构建“收支两条线”资金管理模式，可从规范资金的流向、流量和流程三个方面入手。

(1) 资金的流向方面

企业“收支两条线”要求各部门或分支机构在内部银行或当地银行设立两个账户(收入户和支出户)，并规定所有收入的现金都必须进入收入户（外地分支机构的收入户资金还必须及时、足额地回笼到总部)，收入户资金由企业资金管理部门（内部银行或财务结算中心）统一管理；而所有的货币性支出都必须从支出户里支付，支出户里的资金只能根据一定的程序由收入户划拨而来，严禁现金坐支。

(2) 资金的流量方面

在收入环节上，要确保所有收入的资金都进入收入户，不允许有私设的“账外小金库”。另外，还要加快资金的结算速度，尽量压缩资金在结算环节的沉淀量。在调度环节上通过动态的现金流量预算和资金收支计划实现对资金的精确调度。在支出环节上，根据以收定支和最低限额资金占用的原则从收入户按照支出预算安排将资金定期划拨到支出户，支出户平均资金占用额应压缩到最低限度。有效的资金流量管理将有助于确保及时、足额地收入资金，合理控制各项费用支出和有效调剂内部资金。

(3) 资金的流程方面

资金流程是指与资金流动有关的程序和规定。它是“收支两条线”内部控制体系的重要组成部分，主要包括五个部分：①关于账户管理、货币资金安全性等的规定；②收入资金管理与控制；③支出资金管理与控制；④资金内部结算与信贷管理与控制；⑤“收支两条线”的组织保障等。

需要说明的是，“收支两条线”作为一种企业的内部资金管理模式，与企业的性质、战略、管理文化和组织架构都有很大的关系。

（二）集团企业资金集中管理模式

企业集团下属机构多，地域分布广，如果子、分公司多头开户，资金存放分散，会大大降低资金的使用效率。通过资金的集中管理、统一筹集、合理分配、有序调度，能够降低融资成本，提高资金使用效率，确保集团战略目标的实现，实现整体利益的最大化。

资金集中管理也称司库制度，是指集团企业借助商业银行网上银行功能及其他信息技术手段，将分散在集团各所属企业的资金集中到总部，由总部统一调度、统一管理和统一运用。资金集中管理在各个集团的具体运用可能会有所差异，但一般包括资金集中、内部结算、融资管理、外汇管理、支付管理等主要内容。其中，资金集中是基础，其他各方面均建立在此基础之上。目前，资金集中管理模式逐渐被我国企业集团所采用。

资金集中管理模式的选择，实质上是集团管理是集权还是分权管理体制的体现。也就是说，在企业集团内部所属各子企业或分部是否有货币资金使用的决策权、经营权，这是由行业特点和本集团资金运行规律决定的。现行的资金集中管理模式大致可以分为以下五种。

1. 统收统支模式

在该模式下，企业的一切现金收入都集中在集团总部的财务部门，各分支机构或现金支出都通过集团总部财务部门付出，子企业不单独设立账号，一切现金支出都通过集团财务部门付出，现金支出的批准权高度集中。统收统支模式有利于企业集团实现全面收支平衡，提高资金的周转效率，减少资金沉淀，监控现金收支，降低资金成本。但是，该模式不利于调动成员企业开源节流的积极性，影响成员企业经营的灵活性，以致降低整个集团经营活动和财务活动的效率，而且在制度的管理上欠缺一定的合理性，如果每笔收支都要经过总部财务部门之手，那么总部财务部门的工作量就会大很多。因此，这种模式通常适用于规模比较小的企业。

2. 拨付备用金模式

拨付备用金模式是指集团按照一定的期限统拨给所有分支机构或子企业备其使用的一定数额的现金。各分支机构或子企业发生现金支出后，持有关凭证到集团财务部门报销，以补足备用金。拨付备用金模式相比统收统支模式具有一定的灵活性，但这种模式也通常适用于那些经营规模比较小的企业。

3. 结算中心模式

结算中心通常是企业集团内部设立的，办理内部各成员现金收付和往来结算业务的专门机构。结算中心通常设于财务部门内，是一个独立运行的职能机构。结算中心是企业集团发展到一定阶段，应企业内部资金管理需求而生的一个内部资金管理机构，是根据集团财务管理和控制的需要在集团内部设立的，为成员企业办理资金融通和结算，以降低企业成本、提高资金使用效率的服务机构。结算中心帮助企业集中管理各分、子公司的现金收入和支出。分、子公司收到现金后就直接转账存入结算中心在银行开立的账户。当需要资金的时候，再进行统一的拨付，有助于企业监控资金的流向。

4. 内部银行模式

内部银行是将社会银行的基本职能与管理方式引入企业内部管理机制而建立起来的一种内部资金管理机构，它将企业管理、金融信贷和财务管理三者融为一体，一般是将企业的自有资金和商业银行的信贷资金统筹运作，在内部银行统一调剂，融通运用。通过吸纳企业下属各单位闲散资金，调剂余缺，减少资金占用，提高资金周转速度，提高资金使用效率、效益。内部银行通常具有三大职能：结算、融资信贷和监督控制。内部银行一般适用于具有较多责任中心的企事业单位。

5. 财务公司模式

财务公司是一种经营部分银行业务的非银行金融机构，一般是集团公司发展到一定水平后，需要经过中国人民银行审核批准才能设立。其主要职责是开展集团内部资金集中结算，同时为集团成员企业提供包括存贷款、融资租赁、担保、信用鉴证、债券承销、财务顾问等在内的全方位金融服务。集团设立财务公司是把一种市场化的企业关系或银企关系引入集团资金管理中，使集团各子公司具有完全独立的财权，可以自行经营自身的现金，对现金的使用行使决策权。另外，集团对各子公司的现金控制是通过财务公司进行的，财务公司对集团各子公司进行专门约束，而且这种约束是建立在各自具有独立的经济利益基础上的，集团公司经营者（或最高决策机构）不再直接干预子公司的现金使用和取得。

四、现金收支日常管理

（一）现金周转期

企业的经营周期是指从取得存货开始到销售存货并收回现金为止的时期。其中：从收到原材料、加工原材料、形成产成品，到将产成品卖出的这一时期，称为存货周转期；产成品卖出后到收到顾客支付的货款的这一时期，称为应收账款周转期或收账期。

但是，企业购买原材料并不用立即付款，这一延退的付款时间段就是应付账款周转期或收账期。现金周转期，是指介于企业支付现金与收到现金之间的时间段，它等于经营周期减去应付账款周转期。周转过程用公式表示就是：

经营周期=存货周转期+应收账款周转期

现金周转期=经营周期-应付账款周转期

其中：

存货周转期=存货平均余额/每天的销货成本

应收账款周转期=应收账款平均余额/每天的销货收入

应付账款周转期=应付账款平均余额/每天的购货成本

所以，要减少现金周转期，可以从以下三个方面着手：①加快制造与销售产成品来减少存货周转期；②加速应收账款的回收来减少应收账款周转期；③减缓支付应付账款来延长应付账款周转期。

（二）收款管理

1. 收款系统

高效率的收款系统能够使收款成本和收款浮动期达到最小，同时能够保证与客户汇款及其他现金流入来源相关的信息的质量。

（1）收款成本

收款成本包括浮动期成本、管理收款系统的相关费用（如银行手续费）及第三方处理费用或清算相关费用。在获得资金之前，收款在途项目使企业无法利用这些资金，也会产生机会成本。信息的质量包括收款方得到的付款人的姓名、付款的内容和付款时间。信息要求及时、准确地到达收款人一方，以便收款人及时处理资金作出发货的安排。

（2）收款浮动期

收款浮动期是指从支付开始到企业收到资金的时间间隔。收款浮动期主要是由纸基支付工具导致的，具体有下列三种类型。

①邮寄浮动期

从付款人寄出支票到收款人或收款人的处理系统收到支票的时间间隔。

②处理浮动期

支票的接受方处理支票和将支票存入银行以收回现金所花的时间。

③结算浮动期

通过银行系统进行支票结算所需的时间。

2. 收款方式的改善

电子支付方式与纸基（或称纸质）支付方式相比而言是一种改进。电子支付方式提供了如下好处。

（1）结算时间和资金可用性可以预计。

（2）向任何一个账户或任何金融机构的支付具有灵活性，不受人工干扰。

（3）客户的汇款信息可与支付同时传送，更容易更新应收账款。

（三）付款管理

现金支出管理的主要任务是尽可能延缓现金的支出时间。当然，这种延缓必须是合理合法的。控制现金支出的目标是在不损害企业信誉的条件下，尽可能推迟现金的支出。

1. 使用现金浮游量

现金浮游量是指由于企业提高收款效率和延长付款时间所产生的企业账户上的现金余额和银行账户上的企业存款余额之间的差额。

2. 推迟应付款的支付

推迟应付款的支付是指企业在不影响自己信誉的前提下，充分运用供货方所提供的信用优惠，尽可能地推迟应付款的支付期。

3. 汇票代替支票

汇票分为商业承兑汇票和银行承兑汇票，与支票不同的是，承兑汇票并不是见票即付。这一方式的优点是，它推迟了企业调入资金支付汇票的实际所需时间。这样，企业就只需在银行中保持较少的现金余额。它的缺点是，某些供应商可能并不喜欢用汇票付款，银行也不喜欢处理汇票，它们通常需要耗费更多的人力。同支票相比，银行会收取较高的手续费。

4. 改进员工工资支付模式

企业可以为支付工资专门设立一个工资账户，通过银行向职工支付工资。为了最大限度地减少工资账户的存款余额，企业要合理预测从开出支付工资的支票到职工去银行兑现的具体时间。

5. 透支

透支是指企业开出支票的金额大于活期存款余额。它实际上是银行向企业提供的信用。透支的限额由银行和企业共同商定。

6. 争取现金流出与现金流入同步

企业应尽量使现金流出与现金流入同步，这样可以降低交易性现金余额，同时减少有价证券转换为现金的次数，提高现金的利用效率，节约转换成本。

7. 使用零余额账户

企业与银行合作，保持一个主账户和一系列子账户。企业只在主账户保持一定的安全储备，而不需要在一系列子账户保持安全储备。当从某个子账户签发的支票需要现金时，所需要的资金立即从主账户划拨过来，从而使更多的资金可以另作他用。

第三节 应收账款管理

一、应收账款的功能

企业通过提供商业信用，采取赊销、分期付款等方式可以扩大销售，增强竞争力，获得利润。应收账款作为企业为扩大销售和增加盈利的一项投资，也会发生一定的成本，所以企业需要在应收账款所增加的盈利和所增加的成本之间权衡。应收账款管理就是分析赊销的条件，使赊销带来的盈利增加大于应收账款投资产生的成本费用的增加，最终使企业利润增加，企业价值上升。

应收账款的功能指其在生产经营中的作用，主要有以下两方面。

（一）增加销售的功能

在激烈的市场竞争中，通过提供赊销可有效地促进销售。因为企业提供赊销不仅向顾客提供了商品，也在一定时间内向顾客提供了购买该商品的资金，顾客将从赊销中得到好处。所以赊销会带来企业销售收入和利润的增加，特别是在企业销售新产品、开拓新市场时，赊销更具有重要的意义。

提供赊销所增加的产品一般不增加固定成本，因此，赊销所增加的收益等于增加的销售量与单位边际贡献的乘积，计算公式如下：

$$\text{增加的收益}=\text{增加的销售量}\times\text{单位边际贡献}$$

（二）减少存货的功能

企业持有一定产成品存货会相应地占用资金，形成仓储费用、管理费用等，产生成本，而赊销则可避免这些成本的产生。所以，无论是季节性生产企业还是非季节性生产企业，当产成品存货较多时，一般会采用优惠的信用条件进行赊销，将存货转化为应收账款，减少产成品存货，存货资金占用成本、仓储与管理费用等也会相应减少，从而提高企业收益。

二、应收账款的成本

应收账款作为企业为增加销售和盈利进行的投资，会发生一定的成本，即应收账款的成本。

（一）应收账款的机会成本

应收账款会占用企业一定量的资金，而企业若不把这部分资金投放于应收账款，便可以用于其他投资并可能获得收益，如投资债券获得利息收入。这种因投放于应收账款而放弃其他投资所带来的收益，即为应收账款的机会成本。其计算公式如下：

应收账款平均余额=日销售额×平均收现期

应收账款占用资金=应收账款平均余额×变动成本率

应收账款占用资金的应计利息（机会成本）

=应收账款占用资金×资本成本

=应收账款平均余额×变动成本率×资本成本

=日销售额×平均收现期×变动成本率×资本成本

=全年销售额/360×平均收现期×变动成本率×资本成本

=［（全年销售额×变动成本率）/360］×平均收现期×资本成本

=（全年变动成本/360）×平均收现期×资本成本

式中，平均收现期为各种收现期的加权平均数。

（二）应收账款的坏账成本

在赊销交易中，债务人由于种种原因无力偿还债务，债权人就有可能因无法收回应收账款而发生损失，这种损失就是坏账成本。可以说，企业发生坏账成本是不可避免的，而此项成本一般与应收账款发生的数量成正比。

坏账成本一般用下列公式测算。

应收账款的坏账成本=赊销额×预计坏账损失率

三、信用政策

有许多因素会影响企业的信用政策。在许多行业，信用条件和政策已经成为标准化的惯例，因此，某一家企业很难采取与其竞争对手不同的信用条件。企业还必须考虑提供商业信用对现有贷款契约的影响，因为应收账款的变化可能会影响流动比率，可能会导致违反贷款契约中有关流动比率的约定。

企业的信用条件、销售额和收账方式决定了其应收账款的水平。应收账款的占用必须要有相应的资金来源，因此，企业对客户提供信用的能力与其自身的借款能力相关。不适当地管理应收账款可能会导致顾客延期付款，进而导致流动性问题。然而，当应收账款被用于抵押贷款或作为债务担保工具出售时，应收账款也可以成为流动性的来源。

信用政策包括信用标准、信用条件（包括信用期限、折扣期限和现金折扣）和收账政策三个方面。

（一）信用标准

信用标准是指信用申请者获得企业提供信用所必须达到的最低信用水平，通常以预期的坏账损失率作为判别标准。如果企业执行的信用标准过于严格，可能会降低对符合可接受信用风险标准客户的赊销额，减少坏账损失，减少应收账款的机会成本，但不利于扩大企业销售量，甚至会因此限制企业的销售机会；如果企业执行的信用标准过于宽松，可能会对不符合可接受信用风险标准的客户提供赊销，因此，会增加随后还款的风险，并增加应收账款的管理成本与坏账成本。

1. 信息来源

企业进行信用分析时，必须考虑信息的类型、数量和成本。信息既可以从企业内部收集，也可以从企业外部收集。无论信用信息从哪里收集，都必须将成本与预期的收益进行对比。企业内部产生的最重要的信用信息来源是信用申请人执行信用申请（协议）的情况和企业自己保存的有关信用申请人还款历史的记录。

企业可以使用各种外部信息来源来帮助其确定申请人的信誉。申请人的财务报表是该种信息主要来源之一，由于可以将这些财务报表及其相关比率与行业平均数进行对比，因此它们都提供了有关信用申请人的重要信息。获得申请人付款状况的第二个信息来源是一些商业参考资料或申请人过去获得赊购的供货商。另外，银行或其他贷款机构（如商业贷款机构或租赁公司）可以提供申请人财务状况和可使用信用额度方面的标准化信息。一些地方性和全国性的信用评级机构也会收集、评价和报告有关申请人信用状况的历史信息。这些信用报告包括还款历史、财务信息、最高信用额度、可获得的最长信用期限和所有未了解的债务诉讼等信息。

2. 信用的定性分析

信用的定性分析是指对申请人“质”的方面的分析。常用的信用定性分析法是5C信用评价系统，即评估申请人信用品质的五个方面：品质、能力、资本、抵押和条件。

（1）品质（Character）。品质是指个人申请人或企业申请人管理者的诚实和正直表现。品质反映了个人或企业在过去的还款中所体现的还款意图和愿望，这是5C中最主要的因素，通常要根据过去的记录结合现状调查来进行分析，包括企业经营者的年龄、文化、技术结构、遵纪守法情况、开拓进取及领导能力、有无获得荣誉奖励或纪律处分、团结协作精神及组织管理能力。

（2）能力（Capacity）。能力是指经营能力，通常通过分析申请者的生产经营能力及获利情况、管理制度是否健全、管理手段是否先进、产品生产销售是否正常、在市场上有无竞争力、经营规模和经营实力是否逐年增长等来评估。

（3）资本（Capital）。资本是指如果企业或个人当前的现金流不足以还债，他们在短期和长期内可供使用的财务资源。企业资本雄厚，说明企业具有强大的物质基础和抗风险能力。因此，信用分析必须调查了解企业资本规模和负债比率，反映企业资产或资本对负债的保障程度。

（4）抵押（Collateral）。抵押是指当企业或个人不能满足还款条款时，可以用作债务担保的资产或其他担保物。信用分析必须分析担保抵押手续是否齐备、抵押品的估值和出售有无问题、担保人的信誉是否可靠等。

（5）条件（Condition）。条件是指影响申请者还款能力和还款意愿的经济环境。经济环境对企业发展前途具有一定影响，也是影响企业信用的一项重要的外部因素。信用分析必须对企业的经济环境，包括企业发展前景、行业发展趋势、市场需求变化等进行分析，预测其对企业经营效益的影响。

3. 信用的定量分析

进行商业信用的定量分析可以从考查信用申请人的财务报表开始。通常使用比率分析法评价顾客的财务状况，常用的指标有：流动性和营运资本比率（如流动比率、速动比率以及现金对负债总额比率）、债务管理和支付比率（利息保障倍数、长期债务对资本比率、带息债务对资产总额比率和负债总额对资产总额比率），以及盈利能力指标（销售回报率、总资产回报率和净资产收益率）。将这些指标和信用评级机构及其他协会发布的行业标准进行比较，可以观察申请人的信用状况。

（二）信用条件

信用条件是销货企业要求赊购客户支付货款的条件，由信用期限、折扣期限和现金折扣三个要素组成，折扣期限和现金折扣构成折扣条件。

1. 信用期限

信用期限是企业允许顾客从购货到付款之间的时间，或者说是企业给予顾客的最长付款时间，一般简称为信用期。

信用期的确定，主要是分析改变现行信用期对收入和成本的影响。延长信用期，会使销售额增加，产生有利影响；与此同时，应收账款、收账费用和坏账损失增加，会产生不利影响。当前者大于后者时，可以延长信用期，否则不宜延长。如果缩短信用期，情况则与此相反。

2. 折扣条件

折扣条件包括折扣期限和现金折扣两个方面。折扣期限是为顾客规定的可享受现金折扣的付款时间。现金折扣是在顾客提前付款时给予的优惠。如果企业给顾客提供现金折扣，那么顾客在折扣期限付款时少付的金额所产生的“成本”将影响企业收益。当顾客利用了企业提供的现金折扣，而现金折扣又没有促使销售额增长时，企业的净收益会下降。当然，上述收入方面的损失可能会全部或部分地由应收账款持有成本的下降所补偿。

（三）收账政策

收账政策是指信用条件被违反时，企业采取的收账策略。企业如果采取较积极的收账政策，可能会减少应收账款投资，减少坏账损失，但要增加收账成本；如果采用较消极的收账政策，则可能会增加应收账款投资，增加坏账损失，但会减少收账费用。企业需要作出适当的权衡。一般来说，可以参照评价信用标准、信用条件的方法来评价收账政策。

四、应收账款的监控

实施信用政策时，企业需监督和控制每一笔应收账款和应收账款总额。例如，可以运用应收账款周转天数衡量企业需要多长时间收回应收账款、可以通过账龄分析表追踪每一笔应收账款、可以采用 ABC 分析法来确定重点监控的对象等。监督每一笔应收账款的理由：一是在开票或收款过程中可能会发生错误或延迟；二是有些客户可能故意拖欠到企业采取追款行动才付款；三是客户财务状况的变化可能会改变其按时付款的能力，并且需要缩小该客户未来赊销额度。

企业也必须对应收账款的总体水平加以监督，因为应收账款的增加不仅会影响企业的流动性，还可能导致额外融资的需要。此外，应收账款总体水平的显著变化可能表明业务方面发生了改变，这可能影响企业的融资需要和现金水平。企业管理部门需要分析这些变化以确定其起因并采取纠正措施。可能引起重大变化的事件包括销售量的变化、季节变化、信用政策的修改、经济状况的波动以及竞争对手采取的促销等行动。最后，对应收账款总额进行分析还有助于预测未来现金流入的金额和时间。

（一）应收账款周转天数

应收账款周转天数或平均收账期是衡量应收账款管理状况的一个指标。将企业当前的应收账款周转天数与规定的信用期限、历史趋势以及行业正常水平进行比较，可以反映企业整体的收款效率。然而，应收账款周转天数可能会被销售量的变动趋势和剧烈的销售季节性所破坏。

（二）账龄分析表

账龄分析表将应收账款划分为未到信用期的应收账款和以 30 天为间隔的逾期应收账款，这是衡量应收账款管理状况的另外一种方法。企业既可以按照应收账款总额进行账龄分析，也可以分顾客进行账龄分析。账龄分析法可以确定逾期应收账款，随着逾期时间的增加，应收账款收回的可能性变小。

账龄分析表比计算应收账款周转天数更能揭示应收账款变化趋势，因为账龄分析表给出了应收账款分布的模式，而不仅是一个平均数。应收账款周转天数有可能与信用期限相一致，但是有一些账户可能拖欠很严重。因此，应收账款周转天数不能明确地表现出账款拖欠情况。当各个月之间的销售额变化很大时，账龄分析表和应收账款周转天数都可能发出类似的错误信号。

（三）应收账款账户余额的模式

账龄分析表可以用于进一步建立应收账款余额的模式，这是重要的现金流预测工具。应收账款账户余额的模式反映一定期间（如一个月）的赊销额，以及在发生赊销的当月月末及随后的各月仍未偿还的百分比。企业收款的历史决定了其正常的应收账款余额的模式，企业管理部门通过将当前的模式和过去的模式进行对比来评价应收账款余额模式的任何变化。

企业还可以运用应收账款账户余额的模式来计划应收账款金额水平，衡量应收账款的收账效率以及预测未来的现金流。

（四）ABC 分析法

ABC 分析法是现代经济管理中广泛应用的一种“抓重点、照顾一般”的管理方法，又称重点管理法。它是将企业的所有欠款客户按其金额的多少进行分类排队，然后分别采用不同的收账策略的一种方法。它一方面能加快应收账款收回，另一方面能将收账费用与预期收益联系起来。

五、应收账款日常管理

应收账款的管理难度比较大，在确定合理的信用政策之后，还要做好应收账款的日常管理工作，包括对客户的信用调查和分析评价、应收账款的催收工作。

（一）调查客户信用

信用调查是指收集和整理反映客户信用状况有关资料的工作。信用调查是企业应收账款日常管理的基础，是正确评价客户信用的前提条件。企业对顾客进行信用调查主要通过两种方法进行。

1. 直接调查

直接调查是指调查人员与被调查单位进行直接接触，通过当面采访、询问、观看等方式获取信用资料的一种方法。直接调查可以保证收集资料的准确性和及时性，但也有一定的局限，获得的往往是感性资料，同时，若不能得到被调查单位的合作，则会使调查工作难以开展。

2. 间接调查

间接调查是以被调查单位及其他单位保存的有关原始记录和核算资料为基础，通过加工整理获得被调查单位信用资料的一种方法。这些资料主要来自以下五个方面。

（1）财务报表

通过财务报表分析，可以基本掌握一个企业的财务状况和信用状况。

（2）信用评估机构

信用评估机构是专门的信用评估部门，因为它们的评估方法先进，评估调查细致，评估程序合理，所以可信度较高。在我国，目前的信用评估机构有三种形式：第一种是独立的社会评级机构，它们只根据自身的业务吸收有关专家参加，不受行政干预和集团利益的牵制，独立自主地开办信用评估业务；第二种是由政策性银行、政策性保险公司负责组织的评估机构，一般由银行、保险公司有关人员和各部门专家进行评估；第三种是由商业银行、商业性保险公司组织的评估机构，由商业性银行、商业性保险公司组织专家对其客户进行评估。

（3）银行

银行是信用资料的一个重要来源，许多银行都设有信用部，为其顾客服务，并负责对其顾客信用状况进行记录、评估。但银行的资料一般仅愿意在内部及同行间进行交流，而不愿向其他单位提供。

（4）其他途径

财税部门、工商管理部门、消费者协会等机构都可能提供相关的信用状况资料。

（二）评估客户信用

收集好信用资料以后，就需要对这些资料进行分析、评价。企业一般采用“5C”系统来评价，并对客户信用进行等级划分。在信用等级方面，目前主要有两种：一种是三类九等，即将企业的信用状况分为AAA、AA、A，BBB、BB、B，CCC、CC、C，其中A为信用最优等级，C为信用最低等级；另一种是三级制，即分为AAA、AA、A三个信用等级。

（三）收账的日常管理

应收账款发生后，企业应采取各种措施，尽量争取按期回收款项，否则会因拖欠时间过长而发生坏账，使企业蒙受损失。因此，企业必须在对收账的收益与成本进行比较分析的基础上，制定切实可行的收账政策。通常企业可以采取寄发账单、电话催收、派人上门催收、法律诉讼等方式进行催收应收账款，然而催收账款要发生费用，某些催款方式的费用还会很高。一般来说，收账的花费越大，收账措施越有力，可收回的账款应越多，坏账损失也就越小。因此，制定收账政策又要在收账费用和所减少坏账损失之间权衡。制定有效、得当的收账政策很大程度上靠有关人员的经验，从财务管理角度讲也有一些数量化的方法可以参照。根据应收账款总成本最小化的原则，可以通过比较各收账方案成本的大小对其加以选择。

第四节　存货管理

一、存货管理的目标

存货是指企业在生产经营过程中为销售或者耗用而储备的物资，包括材料、燃料、低值易耗品、在产品、半成品、产成品、协作件、商品等。存货管理水平的高低直接影响着企业的生产经营能否顺利进行，并最终影响企业的收益、风险等状况。因此，存货管理是财务管理的一项重要内容。

企业持有存货的原因，一方面是为了保证生产或销售的经营需要；另一方面是出自对价格的考虑，零购物资的价格往往较高，而整批购买在价格上有优惠。但是，过多的存货要占用较多资金，并且会增加包括仓储费、保险费、维护费、管理人员工资在内的各种开支。因此，存货管理的目标，就是在保证生产销售经营需要的前提下，最大限度降低存货成本，具体包括以下五个方面。

（一）保证生产正常进行

生产过程中需要的原材料和在产品，是生产的物资保证。为保障生产的正常进行，必须储备一定量的原材料，否则可能会出现生产中断、停工待料的现象。尽管当前部分企业的存货已经实现计算机自动化管理，但要实现存货为零的目标实属不易。

（二）有利于销售

一定数量的存货储备能够增加企业在生产和销售方面的机动性以及适应市场变化的能力，当企业市场需求量增加时，若产品储备不足就有可能失去销售良机。同时，顾客为节约采购成本和其他费用，一般成批采购，企业为了达到运输上的最优批量也会组织成批发运。所以，保持一定量的存货是有利于市场销售的。

（三）便于维持均衡生产，降低产品成本

有些企业产品属于季节性产品或者需求波动较大的产品，若根据需求状况生产，则可能有时生产能力得不到充分利用，有时又超负荷生产，造成产品成本的上升。为了降低生产成本，实现均衡生产，就要储备一定的产成品存货，并相应地保持一定的原材料存货。

（四）降低存货取得成本

一般情况下，当企业进行采购时，进货总成本与采购物资的单价和采购次数有密切关系。而许多供应商为鼓励客户多购买其产品，往往在客户采购量达到一定数量时给予价格折扣，所以企业通过大批量集中进货既可以享受价格折扣，降低购置成本，也因减少订货次数，降低了订货成本，使总的进货成本降低。

（五）防止意外事件的发生

企业在采购、运输、生产和销售过程中，都可能发生意料之外的事故。保持必要的存货保险储备，可以避免和减少意外事件的损失。

二、存货的控制系统

存货管理不仅需要各种模型帮助确定适当的存货水平，还需要建立相应的存货控制系统。传统的存货控制系统有定量控制系统和定时控制系统两种。其中：定量控制系统是指当存货下降到一定水平时即发出订货单，订货数量是固定的和事先决定的；定时控制系统是每隔一固定时期，无论现有存货多少，都发出订货申请。这两种系统都较简单和易于理解，但不够精确。现在许多大型企业都已采用了计算机存货控制系统。当存货数据输入计算机后，计算机即对这批货物开始跟踪。此后，每当有该货物被取出时，计算机就及时作出记录并修正库存余额。当存货下降到订货点时，计算机自动发出订单，并在收到订货时记下所有的库存量。计算机系统能对大量种类的存货进行有效管理，这也是大型企业愿意采用这种系统的原因之一。对于大型企业而言，其存货种类数以十万计，要使用人力及传统方法来对如此多的库存进行有效管理，及时调整存货水平，避免出现缺货或浪费现象，几乎是不可能的，但计算机系统对此却能作出迅速有效的反应。

伴随着业务流程重组的兴起以及计算机行业的发展，存货管理系统也得到了很大的发展。从 MRP（物料资源规划）发展到 MRP-Ⅱ（制造资源规划），再到 ERP（企业资源规划），以及后来的柔性制造和供应链管理，甚至是外包等管理方法的快速发展，都大大地提高了企业存货管理方法的发展。这些新的生产方式把信息技术革命和管理进一步融为一体，提高了企业的整体运作效率。

第四章　收入与分配管理

第一节　收入与分配管理概述

一、收入与分配管理的意义与原则

企业通过经营活动取得收入后，要按照补偿成本、缴纳企业所得税、提取公积金、向投资者分配利润等顺序进行分配。对于企业来说，收入分配不仅是资产保值、保证简单再生产的手段，同时也是资产增值、实现扩大再生产的工具。通过收入分配还可以满足国家政治职能与经济职能的需要。同时，它也是处理所有者、经营者等各方面物质利益关系的基本手段。

（一）收入与分配管理的意义

收入与分配管理作为现代企业财务管理的重要内容之一，对于维护企业与各相关利益主体的财务关系、提升企业价值具有重要意义。具体而言，企业收入与分配管理的意义表现在以下四个方面：

1. 收入与分配管理体现企业所有者、经营者与劳动者之间的利益关系

企业所有者是企业权益资金的提供者，按照谁出资、谁受益的原则，其应得的投资收益需通过企业的收益分配来实现，而获得的投资收入取决于企业盈利状况及利润分配政策。通过收益分配，投资者能实现预期的收益，提高企业的信誉程度，有利于增强企业未来融通资金的能力。

企业的债权人在向企业投入资金的同时也承担了一定的风险。企业的收入分配中应体现出对债权人利益的充分保护，不能伤害债权人的利益。除了按时支付到期本金、利息外，企业在进行收入的分配时也要考虑债权人未偿付本金的保障程度，否则将在一定程度上削弱企业的偿债能力，从而降低企业的财务弹性。

职工是价值的创造者，是企业收入和利润的源泉。通过薪资的支付以及各种福利的提供，可以提高职工的工作热情，使其为企业创造更多的价值。因此，为了正确、合理地处理好企业各方利益相关者的需求，就必须对企业所实现的收入进行合理分配。

2. 收入与分配管理是企业维持简单再生产和实现扩大再生产的基本条件

企业在生产经营过程中所投入的各类资金，会随着生产经营活动的进行不断地发生消耗和转移，形成成本费用，最终构成商品价值的一部分。销售收入的取得，为企业成本费用的补偿提供了前提，为企业简单再生产的正常进行创造了条件。通过收入与分配的管理，企业能形成一部分自行安排的资金，可以增强企业生产经营的财力，有利于企业适应市场需要扩大再生产。

3. 收入与分配管理是企业优化资本结构、降低资本成本的重要措施

留存收益，是企业重要的权益资金来源。留存收益的多少，影响企业积累的多少，从而影响权益与负债的比例，即资本结构。企业价值最大化的目标要求企业的资本结构最优，而收入与分配便成了优化资本结构、降低资本成本的重要措施。

4. 收入与分配管理是国家建设资金的重要来源之一

在企业正常的生产经营活动中，企业不仅为自己创造了价值，还为社会创造了一定的价值，即利润。利润代表企业的新创财富，是企业收入的重要构成部分。除了满足企业自身的生产经营性积累外，通过收入分配，国家税收也能够集中一部分企业利润，由国家有计划地分配使用，实现国家政治职能和经济职能，为社会经济的发展创造良好条件。

（二）收入与分配管理的原则

1. 依法分配原则

企业的收入分配必须依法进行。为了规范企业的收入分配行为，维护各利益相关者的合法权益，国家颁布了相关法规。这些法规规定了企业收入分配的基本要求、一般程序和重要比例，企业应当认真执行，不得违反。

2. 分配与积累并重原则

企业的收入分配必须坚持积累与分配并重的原则。企业通过经营活动获取收入，既要保证企业简单再生产的持续进行，又要不断积累企业扩大再生产的财力基础。恰当处理分配与积累之间的关系，留存一部分净利润，能够增强企业抵抗风险的能力，同时，也可以提高企业经营的稳定性与安全性。

3. 兼顾各方利益原则

企业的收入分配必须兼顾各方面的利益。企业是经济社会的基本单元，企业的收入分

配涉及国家、企业股东、债权人、职工等多方面的利益。正确处理它们之间的关系，协调其矛盾，对企业的生存、发展是至关重要的。企业在进行收入分配时，应当统筹兼顾，维护各利益相关者的合法权益。

4. 投资与收入对等原则

企业进行收入分配应当体现谁投资、谁受益，收入大小与投资比例相对等的原则。这是正确处理投资者利益关系的关键。企业在向投资者分配收入时，应本着平等一致的原则，按照投资者投资额的比例进行分配，不允许任何一方随意多分多占，以从根本上实现收入分配的公开、公平和公正，保护投资者的利益。但是，公司章程或协议明确规定出资比例与收入分配比例不一致的除外。

二、收入与分配管理的内容

企业通过销售产品、转让资产、对外投资等活动取得收入，而这些收入的去向主要是两个方面：一是弥补成本费用，即为取得收入而发生的资源耗费；二是形成利润，即收入扣除成本费用后的余额。收入、成本费用和利润三者之间的关系可以简单表述为下式：

$$收入-成本费用=利润$$

可以看出，对企业收入的分配，首先是对成本费用进行补偿，然后对其余额（利润）按照一定的程序进行再分配。收入与分配管理的内容主要包括收入管理和分配管理两个方面。

（一）收入管理

收入是指企业在日常活动中形成的、会导致所有者权益增加的、与所有者投入资本无关的经济利益的总流入，一般包括销售商品收入、提供劳务收入和让渡资产使用权收入等。企业的收入主要来自生产经营活动，企业正常的经营活动主要包括销售商品、提供劳务、让渡本企业资产使用权等。具体表现为：销售商品得到的商品销售收入；提供运输、修理等劳务取得的劳务收入；让渡专利、商标等无形资产使用权而取得的使用费，以及以投资方式供其他企业使用本企业的资产而获得的股利。

销售收入是企业收入的主要构成部分，是企业能够持续经营的基本条件，销售收入的制约因素主要是销量与价格，销售预测分析与销售定价管理构成了收入管理的主要内容。

1. 销售预测分析

销售预测分析实际上是对市场动态与销售情况的预测分析。企业财务部门和销售部门应深入调查研究，把握市场动态和变化趋势，采用科学方法对销售情况和相应的收入进行合理的预测，从而更好地帮助管理层决策。常见的预测分析方法主要有两类：一类是定性分析法，即非数量分析法，如营销员判断法、专家判断法和产品寿命周期分析法；另一类是定量分析法，也称数量分析法，一般包括趋势预测分析法和因果预测分析法两大类。

2. 销售定价管理

在市场经济条件下，企业拥有商品的定价权，应根据各自的定价目标选择科学、可行的定价方法，合理确定商品的销售价格。价格策略的制定，应考虑市场供求状况、竞争激烈程度、消费者心理以及市场定位等因素。常见的定价方法主要有两类：一类是基于成本的定价方法，如全部成本费用加成定价法、目标利润法等；另一类是基于市场需求的定价方法，如需求价格弹性系数定价法、边际分析定价法等。

（二）分配管理

分配管理指的是对利润分配的管理。利润是收入弥补成本费用后的余额。由于成本费用包括的内容与表现的形式不同，利润所包含的内容与形式也有一定的区别。若成本费用不包括利息和所得税，则利润表现为息税前利润；若成本费用包括利息而不包括所得税，则利润表现为利润总额；若成本费用包括了利息和所得税，则利润表现为净利润。本章所指利润分配是指对净利润的分配。利润分配关系着国家、企业及所有者等各方面的利益，必须严格按照国家的法令和制度执行。

1. 弥补以前年度亏损

企业在提取法定公积金（法定盈余公积金）之前，应先用当年利润弥补以前年度亏损。企业年度亏损可以用下一年度的税前利润弥补，下一年度不足弥补的，可以在五年之内用税前利润连续弥补，连续五年未弥补的亏损则用税后利润弥补。其中，税后利润弥补亏损可以用当年实现的净利润，也可以用任意盈余公积金转入。

2. 提取法定公积金

法定公积金的提取比例为当年税后利润（弥补亏损后）的10%。当年法定公积金的累积额已达注册资本的50%时，可以不再提取。法定公积金提取后，根据企业的需要，可用于弥补亏损或转增资本，但企业用法定公积金转增资本后，法定公积金的余额不得低于转增前公司注册资本的25%。提取法定公积金的主要目的是增加企业内部积累，以利于企业扩大再生产。

3. 提取任意公积金

根据《公司法》的规定，公司从税后利润中提取法定公积金后，经股东会或股东大会决议，还可以从税后利润中提取任意公积金（任意盈余公积金）。这是为了满足企业经营管理的需要，控制向投资者分配利润的水平，以及调整各年度利润分配的波动。

4. 向股东（投资者）分配股利（利润）

根据《公司法》的规定，公司弥补亏损和提取公积金后所余税后利润，可以向股东（投资者）分配。其中：有限责任公司股东按照实缴的出资比例分取红利，全体股东约定不按照出资比例分取红利的除外；股份有限公司按照股东持有的股份比例分配，但股份有限公司章程规定不按照持股比例分配的除外。

此外，近年来，以期权形式或类似期权形式进行的股权激励在一些大公司逐渐流行起来。从本质上来说，股权激励是企业对管理层或者员工进行的一种经济利益分配。

第二节 股利分配政策与管理

一、股利政策与企业价值

股利政策是指在法律允许的范围内，企业是否发放股利、发放多少股利以及何时发放股利的方针及对策。

股利政策的最终目标是使公司价值最大化。股利往往可以向市场传递一些信息，股利发放的多寡、是否稳定、是否增长等，往往是大多数投资者推测公司经营状况好坏、发展前景优劣的依据。因此，股利政策关系到公司在市场上、在投资者中间的形象，成功的股利政策有利于提高公司的市场价值。

（一）股利分配理论

企业的股利分配方案既取决于企业的股利政策，又取决于决策者对股利分配的理解与认识，即股利分配理论。股利分配理论是指人们对股利分配的客观规律的科学认识与总结，其核心问题是股利政策与公司价值的关系问题。在市场经济条件下，股利分配要符合财务管理目标。

（二）股利政策

股利政策由企业在不违反国家有关法律、法规的前提下，根据本企业具体情况制定。股利政策既要保持相对稳定，又要符合公司财务目标和发展目标。在实际工作中，通常有以下四种股利政策可供选择：

1. 剩余股利政策

剩余股利政策是指公司在有良好的投资机会时，根据目标资本结构，测算出投资所需的权益资本额，先从盈余中留用，然后将剩余的盈余作为股利来分配，即净利润首先满足公司的权益资金需求，如果还有剩余，就派发股利；如果没有，则不派发股利。剩余股利政策的理论依据是股利无关理论。根据股利无关理论，在完全理想的资本市场中，公司的股利政策与普通股每股市价无关，故而股利政策只需随着公司投资、融资方案的制定而自然确定。因此，采用剩余股利政策时，公司要遵循如下四个步骤：

第一，设定目标资本结构，在此资本结构下，公司的加权平均资本成本将达到最低水平；

第二，确定公司的最佳资本预算，并根据公司的目标资本结构预计资金需求中所需增加的权益资本数额；

第三，最大限度地使用留存收益来满足资金需求中所需增加的权益资本数额；

第四，留存收益在满足公司权益资本增加需求后，若还有剩余，再用来发放股利。

（1）剩余股利政策的优点

留存收益优先满足再投资的需要，有助于降低再投资的资金成本，保持最佳的资本结构，实现企业价值的长期最大化。

（2）剩余股利政策的缺陷

若完全遵照执行剩余股利政策，股利发放额就会每年随着投资机会和盈利水平的波动而波动。在盈利水平不变的前提下，股利发放额与投资机会的多寡呈反方向变动；而在投资机会维持不变的情况下，股利发放额将与公司盈利呈同方向变动。剩余股利政策不利于投资者安排收入与支出，也不利于公司树立良好的形象，一般适用于公司初创阶段。

2. 固定或稳定增长的股利政策

固定或稳定增长的股利政策是指公司将每年派发的股利额固定在某一特定水平或是在此基础上维持某一固定比率逐年稳定增长。公司只有在确信未来盈余不会发生逆转时才会宣布实施固定或稳定增长的股利政策。在这一政策下，应首先确定股利分配额，而且该分配额一般不随资金需求的波动而波动。

（1）固定或稳定增长的股利政策的优点

①稳定的股利向市场传递着公司正常发展的信息，有利于树立公司的良好形象，增强投资者对公司的信心，稳定股票的价格。

②稳定的股利额有助于投资者安排股利收入和支出，有利于吸引那些打算进行长期投资并对股利有很高依赖性的股东。

③固定或稳定增长的股利政策可能不符合剩余股利理论，但考虑到股票市场会受多种因素影响（包括股东的心理状态和其他要求），为了将股利或股利增长率维持在稳定的水平上，即使推迟某些投资方案或暂时偏离目标资本结构，也可能比降低股利或股利增长率更为有利。

（2）固定或稳定增长的股利政策的缺点

①股利的支付与企业的盈利相脱节，即不论公司盈利多少，均要支付固定的或按固定比率增长的股利，这可能会导致企业资金紧缺，财务状况恶化。

②在企业无利可分的情况下，若依然实施固定或稳定增长的股利政策，是违反《公司法》的行为。

因此，采用固定或稳定增长的股利政策，要求公司对未来的盈利和支付能力能作出准确的判断。一般来说，公司确定的固定股利额不宜太高，以免陷入无力支付的被动局面。固定或稳定增长的股利政策通常适用于经营比较稳定或正处于成长期的企业，但很难被长期采用。

3. 固定股利支付率政策

固定股利支付率政策是指公司将每年净利润的某一固定百分比作为股利分派给股东。这一百分比通常称为股利支付率，股利支付率一经确定，一般不得随意变更。在这一股利政策下，只要公司的税后利润一经计算确定，所派发的股利也就相应确定了。固定股利支付率越高，公司留存的净利润越少。

（1）固定股利支付率政策的优点

①采用固定股利支付率政策，股利与公司盈余紧密地配合，体现了“多盈多分、少盈少分、无盈不分”的股利分配原则。

②由于公司的获利能力在年度间是经常变动的，因此，每年的股利也应当随着公司收益的变动而变动。采用固定股利支付率政策，公司每年按固定的比例从税后利润中支付现金股利，从企业支付能力的角度看，这是一种稳定的股利政策。

（2）固定股利支付率政策的缺点

①大多数公司每年的收益很难保持稳定不变，导致年度间的股利额波动较大，由于股利的信号传递作用，波动的股利很容易给投资者带来经营状况不稳定、投资风险较大的不良印象，成为影响股价的不利因素。

②容易使公司面临较大的财务压力。这是因为公司实现的盈利多，并不能代表公司有足够的现金流用来支付较多的股利额。

③合适的固定股利支付率的确定难度比较大。

由于公司每年面临的投资机会、筹资渠道都不同，而这些都可以影响公司的股利分派，所以，一成不变地奉行固定股利支付率政策的公司在实际中并不多见，固定股利支付率政策只是较适用于那些处于稳定发展且财务状况也较稳定的公司。

4. 低正常股利加额外股利政策

低正常股利加额外股利政策，是指公司事先设定一个较低的正常股利额，每年除了按正常股利额向股东发放股利外，还在公司盈余较多、资金较为充裕的年份向股东发放额外股利。但是，额外股利并不固定，不意味着公司永久地提高了股利支付额。

（1）低正常股利加额外股利政策的优点

①赋予公司较大的灵活性，使公司在股利发放上留有余地，并具有较大的财务弹性。公司可根据每年的具体情况，选择不同的股利发放水平，以稳定和提高股价，进而实现公司价值的最大化。

②使那些依靠股利度日的股东每年至少可以得到虽然较低但比较稳定的股利收入，从而吸引住这部分股东。

（2）低正常股利加额外股利政策的缺点

①由于各年度之间公司盈利的波动使得额外股利不断变化，造成分派的股利不同，容易给投资者造成收益不稳定的感觉。

②当公司在较长时间持续发放额外股利后，可能会被股东误认为“正常股利”，一旦取消，传递出的信号可能会使股东认为这是公司财务状况恶化的表现，进而导致股价下跌。

相对来说，对那些盈利随着经济周期波动较大的公司或者盈利与现金流量很不稳定的公司，低正常股利加额外股利政策也许是一种不错的选择。

二、利润分配制约因素

企业的利润分配涉及企业相关各方的切身利益，受众多不确定因素的影响，在确定分配政策时，应当考虑各种相关因素的影响，主要包括法律、公司、股东及其他因素。

（一）法律因素

为了保护债权人和股东的利益，法律法规对公司的利润分配作出了如下规定：

1. 资本保全约束

规定公司不能用资本（包括实收资本或股本和资本公积）发放股利，目的在于维持企业资本的完整性，防止企业任意减少资本结构中的所有者权益的比例，保护企业完整的产权基础，保障债权人的利益。

2. 资本积累约束

规定公司必须按照一定的比例和基数提取各种公积金，股利只能从企业的可供股东分配利润中支付。此处可供股东分配利润包含公司当期的净利润、按照规定提取各种公积金后的余额和以前累积的未分配利润。另外，在进行利润分配时，一般应当贯彻“无利不分”的原则，即当企业出现年度亏损时，一般不进行利润分配。

3. 超额累积利润约束

由于资本利得与股利收入的税率不一致，如果公司为了股东避税而使得盈余的保留大大超过了公司目前及未来的投资需要，将被加征额外的税款。

4. 偿债能力约束

偿债能力是企业按时、足额偿付各种到期债务的能力。如果当期没有足够的现金派发股利，则不能保证企业在短期债务到期时有足够的偿债能力，这就要求公司考虑现金股利分配对偿债能力的影响，确定在分配后仍能保持较强的偿债能力，以维持公司的信誉和借贷能力，从而保证公司的正常资金周转。

（二）公司因素

公司基于短期经营和长期发展的考虑，在确定利润分配政策时，需要关注以下因素：

1. 现金流量

由于会计规范的要求和核算方法的选择，公司盈余与现金流量并非完全同步，净收入的增加不一定意味着可供分配的现金流量的增加。公司在进行利润分配时，要保证正常的经营活动对现金的需求，以维持资金的正常周转，使生产经营得以有序进行。

2. 资产的流动性

企业现金股利的支付会减少其现金持有量，降低资产的流动性，而保持一定的资产流动性是企业正常运转的必备条件。

3. 盈余的稳定性

企业的利润分配政策在很大程度上会受盈利稳定性的影响。一般来讲，公司的盈余越稳定，其股利支付水平也就越高。对于盈利不稳定的公司，可以采用低股利政策。

4. 投资机会

如果公司的投资机会多，对资金的需求量大，那么它就很可能考虑采用低股利支付水平的分配政策；相反，如果公司的投资机会少，对资金的需求量小，那么它就很可能倾向于采用较高的股利支付水平的分配政策。此外，如果公司将留存收益用于再投资所得报酬低于股东个人单独将股利收入投资于其他投资机会所得的报酬时，公司就不应多留留存收益，而应多发放股利，这样有利于股东价值的最大化。

5. 筹资因素

如果公司具有较强的筹资能力，随时能筹集到所需资金，那么它会具有较强的股利支付能力。另外，留存收益是企业内部筹资的一种重要方式，它同发行新股或举债相比，不需花费筹资费用，同时增加了公司权益资本的比重，降低了财务风险，便于以低成本取得债务资本。

（三）股东因素

股东在控制权、收入和税负方面的考虑也会对公司的利润分配政策产生影响。

1. 控制权

现有股东往往将股利政策作为维持其控制地位的工具。公司支付较高的股利会导致留存收益减少，当公司为有利可图的投资机会筹集所需资金时，发行新股的可能性增大，新股东的加入必然稀释现有股东的控制权。所以，股东会倾向于较低的股利支付水平，以便从内部的留存收益中取得所需资金。

2. 稳定的收入

如果股东依赖现金股利维持生活，他们往往要求公司能够支付稳定的股利，而反对留存过多的利润。还有一些股东认为通过增加留存收益引起股价上涨而获得的资本利得是有风险的，而目前的股利是确定的，即便是现在较少的股利，也强于未来的资本利得，因此他们往往也要求较多的股利支付。

3. 避税

政府对企业利润征收所得税以后，还要对自然人股东征收个人所得税，股利收入的税率要高于资本利得的税率。一些高股利收入的股东出于避税的考虑，往往倾向于较低的股利支付水平。

（四）其他因素

1. 债务契约

一般来说，股利支付水平越高，留存收益越少，公司的破产风险加大，就越有可能损害债权人的利益。因此，为了保证自己的利益不受损害，债权人通常都会在债务契约、租赁合同中加入关于借款公司股利政策的限制条款。

2. 通货膨胀

通货膨胀会带来货币购买力水平下降，导致固定资产重置资金不足，此时，企业往往不得不考虑留用一定的利润，以便弥补由于购买力下降而造成的固定资产重置资金缺口。因此，在通货膨胀时期，企业一般会采取偏紧的利润分配政策。

三、股利支付的形式与程序

（一）股利支付的形式

1. 现金股利

现金股利是以现金支付的股利，它是股利支付最常见的方式。公司选择发放现金股利除了要有足够的留存收益外，还要有足够的现金，而现金不充足往往会成为公司发放现金股利的主要制约因素。

2. 财产股利

财产股利是以现金以外的其他资产支付的股利，主要是以公司所拥有的其他公司的有价证券，如债券、股票等，作为股利支付给股东。

3. 负债股利

负债股利是以负债方式支付的股利，通常以公司的应付票据支付给股东，有时也以发放公司债券的方式支付股利。

财产股利和负债股利实际上是现金股利的替代，但这两种股利支付形式在我国公司实务中很少使用。

4. 股票股利

股票股利是公司以增发股票的方式所支付的股利，我国实务中通常也称其为“红股”。发放股票股利对公司来说，并没有现金流出企业，也不会导致公司的财产减少，而只是将公司的未分配利润转化为股本和资本公积。但股票股利会增加流通在外的股票数量，同时降低股票的每股价值。它不改变公司股东权益总额，但会改变股东权益的构成。

发放股票股利虽不直接增加股东的财富，也不增加公司的价值，但对股东和公司都有特殊意义。

（1）对股东来讲，股票股利的优点

①理论上，派发股票股利后，每股市价会成反比例下降，但实务中这并非必然结果。因为市场和投资者普遍认为，发放股票股利往往预示着公司会有较大的发展和成长空间，这样的信息传递会稳定股价或使股价下降比例减小甚至不降反升，股东便可以获得股票价

值相对上升的好处。

②由于股利收入和资本利得税率的差异，如果股东把股票股利出售，还会给他带来资本利得纳税上的好处。

（2）对公司来讲，股票股利的优点

①发放股票股利不需要向股东支付现金，在再投资机会较多的情况下，公司就可以为再投资提供成本较低的资金，从而有利于公司的发展。

②发放股票股利可以降低公司股票的市场价格，既有利于促进股票的交易和流通，又有利于吸引更多的投资者成为公司股东，进而使股权更为分散，有效地防止公司被恶意控制。

③股票股利的发放可以传递公司未来发展前景良好的信息，从而增强投资者的信心，在一定程度上稳定股票价格。

（二）股利支付的程序

公司股利的发放必须遵守相关的要求，按照日程安排来进行。一般情况下，先由董事会提出分配预案，然后提交股东大会决议，股东大会决议通过才能进行分配。股东大会决议通过分配预案后，要向股东宣布发放股利的方案，并确定股利宣告日、股权登记日、除息日和股利发放日。

1. 股利宣告日

股利宣告日即股东大会决议通过并由董事会将股利支付情况予以公告的日期。公告中将宣布每股应支付的股利、股权登记日、除息日以及股利支付日。

2. 股权登记日

股权登记日即有权领取本期股利的股东资格登记截止日期。凡是在此指定日期收盘之前取得公司股票，成为公司在册股东的投资者都可以作为股东享受公司本期分派的股利。在这一天之后取得股票的股东，则无权领取本次分派的股利。

3. 除息日

除息日，即领取股利的权利与股票分离的日期。在除息日之前购买股票的股东才能领取本次股利，而在除息日当天或是以后购买股票的股东，则不能领取本次股利。由于失去了收息的权利，除息日的股票价格会下跌。除息日是股权登记的下一个交易日。

4. 股利发放日

股利发放日即公司按照公布的分红方案向股权登记日在册的股东实际支付股利的日期。

第三节 股票分割与股票回购

一、股票分割

（一）股票分割的概念

股票分割，又称拆股，即将一股股票拆分成多股股票的行为。股票分割一般只会增加发行在外的股票总数，但不会对公司的资本结构产生任何影响。股票分割与股票股利非常相似，都是在不增加股东权益的情况下增加了股份的数量，所不同的是，股票股利虽不会引起股东权益总额的改变，但股东权益的内部结构会发生变化，而股票分割之后，股东权益总额及其内部结构都不会发生任何变化，变化的只是股票面值。

（二）股票分割的作用

1. 降低股票价格

股票分割会使每股市价降低，买卖该股票所需资金量减少，从而可以促进股票的流通和交易。流通性的提高和股东数量的增加，会在一定程度上加大对公司股票恶意收购的难度。此外，降低股票价格还可以为公司发行新股做准备，因为股价太高会使许多潜在投资者力不从心，而不敢轻易对公司股票进行投资。

2. 向市场和投资者传递公司发展前景良好的信号

这有助于提高投资者对公司股票的信心。

3. 反分割

与股票分割相反，如果公司认为其股票价格过低，不利于其在市场上的声誉和未来的再筹资时，为提高股票的价格，会采取反分割措施。反分割又称为股票合并或逆向分割，是指将多股股票合并为一股股票的行为。反分割显然会降低股票的流通性，提高公司股票投资的门槛，它向市场传递的信息通常是不利的。

二、股票回购

（一）股票回购的含义及方式

股票回购是指上市公司出资将其发行在外的普通股以一定价格购买回来予以注销或作

为库存股的一种资本运作方式。《公司法》规定，公司有下列情形之一的，可以收购本公司股份：

（1）减少公司注册资本；

（2）与持有本公司股份的其他公司合并；

（3）将股份用于员工持股计划或者股权激励；

（4）股东因对股东大会作出的公司合并、分立决议持异议，要求公司收购其股份；

（5）将股份用于转换上市公司发行的可转换为股票的公司债券；

（6）上市公司为维护公司价值及股东权益所必需。

属于减少公司注册资本收购本公司股份的，应当自收购之日起 10 日内注销；属于与持有本公司股份的其他公司合并和股东因对股东大会作出的公司合并、分立决议持异议，要求公司收购其股份的，应当在六个月内转让或者注销；属于其余三种情形的，公司合计持有的本公司股份数不得超过本公司已发行股份总额的 10%，并应当在三年内转让或者注销。

上市公司将股份用于员工持股计划或者股权激励、将股份用于转换上市公司发行的可转换为股票的公司债券，以及上市公司为维护公司价值及股东权益所必需情形收购本公司股票的，应当通过公开的集中交易方式进行。上市公司以现金为对价，采取要约方式、集中竞价方式回购股份的，视同上市公司现金分红，纳入现金分红的相关比例计算。

公司不得接受本公司的股票作为质押权的标的。

（二）股票回购的动机

在证券市场上，股票回购的动机多种多样，主要有以下几点：

1. 现金股利的替代

现金股利政策会对公司产生未来的派现压力，而股票回购不会。当公司有富余资金时，通过购回股东所持股票将现金分配给股东，这样，股东就可以根据自己的需要选择继续持有股票或出售股票以获得现金。

2. 改变公司的资本结构

无论是现金回购还是举债回购股份，都会提高公司的财务杠杆水平，改变公司的资本结构。公司认为权益资本在资本结构中所占比例较大时，为了调整资本结构而进行股票回购，可以在一定程度上降低整体资本成本。

3. 传递公司信息

由于信息不对称和预期差异，证券市场上的公司股票价格可能被低估，而过低的股价将会对公司产生负面影响。一般情况下，投资者会认为股票回购是公司认为其股票价值被低估而采取的应对措施。

4. 基于控制权的考虑

控股股东为了保证其控制权不被改变，往往采取直接或间接的方式回购股票，从而巩固既有的控制权。另外，股票回购使流通在外的股份数变少，股价上升，从而可以有效地防止敌意收购。

（三）股票回购的影响

股票回购对上市公司的影响主要表现在以下几个方面：

（1）符合股票回购条件的多渠道回购方式允许公司选择适当时机回购本公司股份，将进一步提升公司调整股权结构和管理风险的能力，提高公司整体质量和投资价值。

（2）因实施持股计划和股权激励的股票回购，形成资本所有者和劳动者的利益共同体，有助于提高投资者回报能力；将股份用于转换上市公司发行的可转换为股票的公司债券实施的股票回购，也有助于拓展公司融资渠道，改善公司资本结构。

（3）当市场不理性，公司股价严重低于股份内在价值时，为了避免投资者损失，适时进行股份回购，减少股份供应量，有助于稳定股价，增强投资者信心。

（4）股票回购若用大量资金支付回购成本，一方面，容易造成资金紧张，降低资产流动性，影响公司的后续发展；另一方面，在公司没有合适的投资项目又持有大量现金的情况下，回购股份，也能更好地发挥货币资金的作用。

（5）上市公司通过履行信息披露义务和公开的集中交易方式进行股份回购，有利于防止操纵市场、内幕交易等利益输送行为。

第四节　纳税管理

一、纳税管理概述

（一）纳税管理的概念

纳税管理是指企业对其涉税业务和纳税事务所实施的研究和分析、计划和筹划、监控和处理、协调和沟通、预测和报告全过程的管理行为。纳税管理的目标是规范企业纳税行为、合理降低税收支出、有效防范纳税风险。投资、筹资、运营和分配等活动是企业财务管理的主要内容，而这些活动的决策过程无一不涉及纳税问题，因此，纳税管理贯穿财务管理的各个组成部分，成为现代财务管理的重要内容。

（二）纳税筹划

在纳税管理的各个环节中，纳税筹划尤为重要。纳税筹划，是指在纳税行为发生之前，在不违反税法及相关法律法规的前提下，对纳税主体的投资、筹资、营运及分配行为等涉税事项作出事先安排，以实现企业财务管理目标的一系列谋划活动。纳税筹划的外在表现是降低税负和延期纳税。

合理的纳税筹划可以减少企业的现金流出量或延迟现金的流出时间，可以提高资本回报率或节约企业的资本成本。因此，有效的纳税筹划可以提高企业的现金管理水平，有助于企业财务管理目标的实现。

（三）纳税筹划的原则

企业的纳税筹划必须遵循以下原则：

1. 经济性原则

纳税筹划的经济性原则，也称成本效益原则。纳税筹划方案的实施，在为企业带来税收利益的同时，必然发生相应的成本支出，由于纳税筹划的目的是追求企业长期财务目标而非单纯的税负最轻，因此，企业在进行纳税筹划相关的决策时，必须进行成本效益分析，选择净收益最大的方案。

2. 先行性原则

纳税筹划的先行性原则，是指筹划策略的实施通常在纳税义务发生之前。在经济活动中，纳税人可以根据税法及相关法规对各种经济事项的纳税义务进行合理预测，从中选择有利的筹划策略。如果纳税义务已经发生，根据税收法定原则，相应的纳税数额和纳税时间已经确定，纳税筹划就失去了作用空间。因此，企业进行税务管理时，要对企业的筹资、投资、营运和分配活动等进行事先筹划和安排，尽可能减少应税行为的发生，降低企业的纳税负担，从而实现纳税筹划的目的。

（四）纳税筹划的方法

1. 减少应纳税额

税收由国家权力强制执行，对于企业而言，纳税义务的产生必然会带来企业现金的流出和费用的增加，因此，纳税筹划的首要目的是在合法、合理的前提下减少企业的纳税义务。应纳税额的减少可以节约企业的费用和减少现金支出，从而提高企业的资本回报率和现金周转效率。企业可以利用税收优惠政策筹划法或转让定价筹划法来实现减少应纳税额的目标。

（1）利用税收优惠政策筹划法

利用税收优惠政策筹划法，是指纳税人凭借国家税法规定的优惠政策进行纳税筹划的方法。税收优惠政策是指税法对某些纳税人和征税对象给予鼓励和照顾的一种特殊规定。具体来说，指的是国家为了扶持某些特定产业、行业、地区、企业和产品的发展，或者为了对某些有实际困难的纳税人给予照顾，在税法中作出的某些特殊规定。例如，免除其应缴的全部或部分税款，或按照其缴纳税款的一定比例给予返还等，从而减轻其税收负担。

从税制构成角度探讨，利用税收优惠进行纳税筹划主要是利用以下几个优惠要素：

①利用免税政策。利用免税筹划，是指在合法、合理的情况下，使纳税人成为免税人，或使纳税人从事免税活动，或使征税对象成为免税对象而免纳税收的纳税筹划方法。利用免税筹划方法能直接免除纳税人的应纳税额，技术简单，但使用范围狭窄，且具有一定的风险性。这种方法以尽量争取更多的免税待遇和尽量延长免税期为要点。

②利用减税政策。利用减税筹划，是指在合法、合理的情况下，使纳税人减少应纳税额而直接节税的纳税筹划方法。它也具有技术简单、使用范围狭窄、具有一定风险性等特点。利用减税方法筹划以尽量争取更多的减税待遇并使减税最大化和减税期最长化为要点。

③利用退税政策。利用退税筹划，是指在合法、合理的情况下，使税务机关退还纳税人已纳税款而直接节税的纳税筹划方法。在已缴税款的情况下，退税偿还了缴纳的税款，节减了税收，所退税额越大，节减的税收就越多。

④利用税收扣除政策。利用税收扣除筹划，是指在合法、合理的情况下，使扣除额增加而实现直接节税，或调整各个计税期的扣除额而实现相对节税的纳税筹划方法，在收入相同的情况下，各项扣除额、宽免额、冲抵额等越大，计税基数就越小，应纳税额也就越小，从而节税也就越多。利用税收扣除进行纳税筹划，技术较为复杂、适用范围较大，具有相对确定性。利用税收扣除进行纳税筹划的要点在于使扣除项目最多化、扣除金额最大化和扣除最早化。

⑤利用税率差异。利用税率差异筹划，是指在合法、合理的情况下，利用税率的差异直接节税的纳税筹划方法。利用税率差异进行纳税筹划，适用范围较广，具有复杂性、相对确定性的特点。采用税率差异节税不但受不同税率的影响，有时还受不同计税基数的影

响，计税基数计算的复杂性使税率差异筹划变得复杂。其技术要点在于尽量寻求税率最低化，以及尽量寻求税率差异的稳定性和长期性。

⑥利用分劈技术。利用分劈技术筹划，是指在合法、合理的情况下，使所得、财产在两个或更多个纳税人之间进行分劈而直接节税的纳税筹划技术。出于调节收入等社会政策的考虑，许多国家的所得税和一般财产税通常都会采用累进税率，计税基数越大，适用的最高边际税率也越高。使所得、财产在两个或更多个纳税人之间分劈，可以使计税基数降至低税率级次，从而降低最高边际适用税率，节减税收。

⑦利用税收抵免。利用税收抵免筹划，是指在合法、合理的情况下，使税收抵免额增加而节税的纳税筹划方法。利用税收抵免筹划的要点在于使抵免项目最多化、抵免金额最大化。在其他条件相同的情况下，抵免的项目越多、金额越大，冲抵的应纳税项目与金额就越大，应纳税额就越小，因而节税就越多。

（2）转让定价筹划法

转让定价筹划法，主要是指通过关联企业采用非常规的定价方式和交易条件进行的纳税筹划。

转让定价指在经济活动中，有经济联系的企业各方为了转移收入、均摊利润或转移利润而在交换或买卖过程中，不是依照市场买卖规则和市场价格进行交易，而是根据他们之间的共同利益或为了最大限度地维护他们之间的收入而进行的产品或非产品转让。在这种转让中，根据双方的意愿，产品的转让价格可高于或低于市场上由供求关系决定的价格，以达到少纳税甚至不纳税的目的。例如，在生产企业和商业企业承担的税负不一致的情况下，若商业企业承担的税负高于生产企业，则有联系的生产企业和商业企业就可通过某种契约的形式，增加生产企业利润，减少商业企业利润，使他们共同承担的税负和各自承担的税负达到最少。

为了保证利用转让定价进行纳税筹划的有效性，筹划时应注意三点：一是要进行成本效益分析；二是价格的波动应在一定的范围之内，以防被税务机关调整而增加税负；三是纳税人可以运用多种方法进行全方位、系统的筹划安排。

2. 递延纳税

考虑到货币的时间价值和通货膨胀因素，纳税筹划的另一条思路是递延纳税。递延纳税是指合法、合理的情况下，纳税人将应纳税款推迟一定期限的方法，延期纳税虽然不会减少纳税人纳税的绝对总额，但由于货币具有时间价值，递延纳税可以使应纳税额的现值减小。

企业实现递延纳税的一个重要途径是采取有利的会计处理方法，在现实经济活动中同一经济业务有时存在着不同的会计处理方法，而不同的会计处理方法又对企业的财务状况有着不同的影响，同时这些不同的会计处理方法又都得到了税法的承认，因此，通过对有关会计处理方法的筹划也可以达到相对节税的目的。利用会计处理方法进行递延纳税的筹划主要包括存货计价方法的选择和固定资产折旧的纳税筹划等。

二、企业筹资纳税管理

按筹资来源划分，企业筹资可划分为内部筹资和外部筹资。内部筹资来源于企业内部，以积累的留存收益为主；外部筹资来源于企业外部，又可分为债务筹资和股权筹资。

（一）内部筹资纳税管理

企业通常优先使用内部资金来满足资金需求，内部资金是企业已经持有的资金，并且无须花费筹资费用，与外部股权筹资相比，其资本成本更低；与债务筹资相比，降低了企业的财务风险。从税收角度来看，内部筹资虽然不能减少企业的所得税负担，但若将这部分资金以股利分配的形式发放给股东，股东会承担双重税负；若将这部分资金继续留在企业内部获取投资收益，投资者可以自由选择资本收益的纳税时间，可以享受递延纳税带来的收益。因此，内部筹资是减少股东税收的一种有效手段，有利于股东财富最大化的实现。

（二）外部筹资纳税管理

内部筹资一般不能满足企业的全部资金需求，因此，企业还需要进行外部筹资。需要的外部融资额，可以通过增加债务或增加权益资金来满足，这涉及资本结构管理问题。关于资本结构的理论有很多，其中的权衡理论认为，有负债企业的价值是无负债企业价值加上抵税收益的现值，再减去财务困境成本的现值。

在目标资本结构的范围内，企业会优先使用负债融资，这是因为企业价值由企业未来经营活动现金流量的现值决定，负债融资的利息可以在计算应纳税所得额时予以扣除，这就降低了企业的纳税负担，减少了企业经营活动现金流出量，增加了企业价值。在债务利息率不变的情况下，企业财务杠杆越高，企业所取得的节税收益越大，但过高的财务杠杆可能会使企业陷入财务困境，出现财务危机甚至破产，从而带来企业价值的损失。纳税筹划的最终目的是企业财务管理目标的实现而非税负最小化，因此，在进行债务筹资纳税筹划时必须考虑企业的财务困境成本，选择适当的资本结构。

对于股东而言，采用债务筹资的好处不仅在于节税效应，更重要的是固定性融资成本所带来的财务杠杆效应，即在某一固定的债务与权益融资结构下由于息税前利润的变动引起每股收益产生更大变动程度的现象。这一现象可以从下面的公式得到反映：

权益净利率（税前）= 总资产报酬率（息税前）+［总资产报酬率（息税前）−债务利息率］×产权比率

由上式可知，当且仅当总资产报酬率（息税前）大于债务利息率时，负债筹资才能给股东带来正的财务杠杆效应，有利于股东财富的增加。当总资产报酬率（息税前）小于债务利息率且大于零时，产权比率越大，节税收益越大，但股东财富的减少幅度也越大。因此，从股东财富最大化视角考虑，使用债务筹资进行纳税筹划必须满足总资产报酬率（息税前）大于债务利息率的前提条件。

综上可知，使用债务筹资的确可以带来节税收益，增加企业价值，但出于财务管理目标的考虑，在采用债务筹资方式筹集资金时，不仅要将资本结构控制在相对安全的范围内，还要确保总资产报酬率（息税前）大于债务利息率。

随着借贷筹资额的增加，企业的每股净利也随着增加。但同时随着借贷筹资额的增加，企业的经营风险随着增加。企业通过股票筹资获得的节税收益虽然非常有限，但通过发行股票筹得的资金不需要偿还，可被企业长期占用。因此，企业在筹资时应对筹资成本、财务风险和经营利润综合考虑，并善于将股权筹资和债务筹资结合使用选择最佳结合点。

三、企业投资纳税管理

（一）直接投资纳税管理

按投资方向，直接投资纳税管理可以划分为直接对外投资纳税管理和直接对内投资纳税管理。

1. 直接对外投资纳税管理

企业的直接对外投资，主要包括企业联营、合营和设立子公司等行为。由于这类投资规模较大，选择范围广，存在较为广阔的纳税筹划空间，纳税人可以在投资组织形式、投资行业、投资地区和投资收益取得方式的选择上进行筹划。

（1）投资组织形式的纳税筹划

①公司制企业与合伙制企业的选择。目前我国对公司制企业和合伙制企业在所得税的纳税规定上有所不同，公司制企业的营业利润在分配环节课征企业所得税，当税后利润作为股息分配给个人股东时，股东还要交纳个人所得税，因此，股东面临着双重税收问题。

而合伙制企业不缴纳企业所得税，只课征各个合伙人分得收益的个人所得税。

②子公司与分公司的选择。企业发展到一定规模后，可能需要建立分公司或子公司。从税法上看，子公司需要独立申报企业所得税，分公司的企业所得税由总公司汇总计算并缴纳。根据企业分支机构可能存在的盈亏不均、税率差别等因素来决定分支机构的设立形式，能合法、合理地降低税收成本。

（2）投资行业的纳税筹划

我国不同行业的税收负担不同，在进行投资决策时，应尽可能选择税收负担较轻的行业。如税法规定，对于国家重点扶持的高新技术企业，按15%的税率征收企业所得税；对于创业投资企业进行国家重点扶持和鼓励的投资，可以按投资额的一定比例抵扣应纳税所得额。

（3）投资地区的纳税筹划

由于世界各国以及我国不同地区的税负各有差异，企业在选择注册地点时，应考虑不同地区的税收优惠政策。

（4）投资收益取得方式的纳税筹划

企业的投资收益由股息红利和资本利得两部分组成，但这两种收益的所得税税务负担不同。根据企业所得税法规定，居民企业直接投资于其他居民企业取得股息、红利等权益性投资收益为企业的免税收入，不包括连续持有居民企业公开发行并上市流通的股票不足12个月取得的投资收益。而企业卖出股份所取得的投资收益则需要缴纳企业所得税。因此，在选择回报方式时，投资企业可以利用其在被投资企业中的地位，使被投资企业进行现金股利分配，这样可以减少投资企业取得投资收益的所得税负担。

2. 直接对内投资纳税管理

直接对内投资，是指在本企业范围内的资金投放，用于购买和配置生产经营所需的生产资料，这里主要对长期经营资产进行纳税筹划。虽然长期经营性投资会涉及流转税和所得税，但固定资产投资由企业战略和生产经营的需要决定，且税法对固定资产的涉税事项处理均有详细的规定，在投资环节的纳税筹划较少。企业在具备相应的技术实力时，应该进行自主研发，从而享受加计扣除优惠。

（二）间接投资纳税管理

间接投资又称证券投资，是指企业用资金购买股票、债券等金融资产而不直接参与其他企业生产经营管理的一种投资活动，资产负债表中的交易性金融资产、可供出售金融资产和持有至到期投资等就属于企业持有的间接投资。与直接投资相比，间接投资考虑的税收因素较少，但也有纳税筹划的空间。在投资金额一定时，证券投资决策的主要影响因素是证券的投资收益，不同种类证券收益应纳所得税不同，在投资决策时，应该考虑其税后收益。例如，我国税法规定，我国国债利息收入免交企业所得税，当可供选择债券的回报率较低时，应该将其税后投资收益与国债的收益相比，再作决策。因此，纳税人应该密切关注税收法规，及时利用税法在投资方面的优惠政策进行纳税筹划。

四、企业营运纳税管理

企业的营运活动主要是指企业的日常经营活动，通常包括采购环节、生产环节和销售环节会产生流转税纳税义务。企业的营运活动也会导致收入的实现，从而产生所得税纳税义务。故在进行企业营运纳税筹划时要综合考虑企业流转税和所得税，以实现企业价值最大化。在营改增背景下，增值税将成为最主要的流转税种，由于制造业企业营运活动覆盖范围更广，因此，这里以工业企业为例来说明生产经营活动中增值税和所得税的纳税管理。

（一）采购的纳税管理

采购主要影响流转税中的增值税进项税额，可以从以下三个方面进行纳税筹划：

1. 增值税纳税人的纳税筹划

增值税纳税人分为一般纳税人和小规模纳税人，我国税务机关对两类纳税人采用不同的征收办法，由此会产生相应的税负差别。某些处于生产经营初期的纳税人，由于其经营规模较小，可以选择成为一般纳税人或小规模纳税人，故存在纳税人身份的纳税筹划问题。增值税一般纳税人以不含税的增值额为计税基础，小规模纳税人以不含税销售额为计税基础，在销售价格相同的情况下，税负的高低主要取决于增值率的大小。一般来说，增值率高的企业，适宜作为小规模纳税人；反之，适宜作为一般纳税人。若企业的增值率小于无差别平衡点增值率，选择成为一般纳税人税负较轻；反之，选择小规模纳税人较为有利。

2. 购货对象的纳税筹划

企业从不同类型的纳税人处采购货物，所承担的税收负担也不一样。一般纳税人从一般纳税人处采购的货物，增值税进项税额可以抵扣。一般纳税人从小规模纳税人处采购的货物，增值税不能抵扣（由税务机关代开的除外），为了弥补购货人的损失，小规模纳税人有时会在价格上给予优惠，在选择购货对象时，要综合考虑由于价格优惠所带来的成本的减少和不能抵扣的增值税带来的成本费用的增加。

3. 增值税专用发票管理

根据进项税额抵扣时间的规定，对于取得防伪税控系统开具的增值税专用发票，需要认证抵扣的企业，在取得发票后应该尽快到税务机关进行认证。购进的多用途物资应先进行认证再抵扣，待转为非应税项目时再作进项税额转出处理，以防止非应税项目物资转为应税项目时由于超过认证时间而不能抵扣其进项税额。

（二）生产的纳税管理

企业生产过程实际上是各种原材料、工人工资和相关费用转移到产品的全过程，可以从以下三个方面进行纳税筹划。

1. 存货计价的纳税筹划

存货的计价方法有多种，按照现行的税法规定，纳税人存货的计算应以实际成本为准。

纳税人各项存货的发生和领用的成本计价方法，可以在先进先出法、加权平均法、个别计价法中选一种。计价方法一经选用，不得随意变更。虽然从长期看来，存货的计价方法不会对应纳增值税总额产生影响，但是不同的存货计价方法可以通过改变销售成本，继而改变所得税纳税义务在时间上的分布来影响企业价值。从筹划的角度看来，纳税人可以通过采用不同的计价方法对发出存货的成本进行筹划，根据实际情况选择有利于纳税筹划的存货计价方法。

如果预计企业将长期盈利，则存货成本可以最大限度地在本期所得额中税前扣除，应选择使本期存货成本最大化的存货计价方法；如果预计企业将亏损或者企业已经亏损，选择的计价方法必须使亏损尚未得到完全弥补的年度的成本费用降低，尽量使成本费用延迟到以后能够完全得到抵补的时期，才能保证成本费用的抵税效果最大化。如果企业正处于所得税减税或免税期间，就意味着企业获得的利润越多，得到的减免税额越多，因此，应该选择减免税期间内存货成本最小化的计价方法，减少企业的当期摊入，尽量将存货成本转移到非税收优惠期间。相反，当企业处于非税收优惠期间时，应选择使得存货成本最大化的计价方法，以达到减少当期应纳税所得额、延迟纳税的目的。

2. 固定资产的纳税筹划

首先，在固定资产计价方面，由于折旧费用是在未来较长时间内陆续计提的，为降低本期税负，新增固定资产的入账价值要尽可能低。例如，对于成套固定资产，其易损件、小配件可以单独开票作为低值易耗品入账，低值易耗品在领用时可以一次或分次直接计入当期费用，这就降低了当期的应纳税所得额。

其次，从固定资产折旧年限来看，固定资产的折旧年限是人为估计值，虽然税法对固定资产规定了最低的折旧年限，纳税筹划不能突破关于折旧年限的最低要求，但是，当企业正处于税收优惠期间或亏损期间时，较高估计固定资产折旧年限有助于其抵税效果最大化。

最后，在固定资产折旧方法方面，税法规定在一般情况下应该采取直线法计算固定资产的折旧，只有当企业的固定资产由于技术进步等原因，确需加速折旧时，才可以缩短折旧年限或采用加速折旧方法。在考虑了货币的时间价值后，直线法折旧和加速折旧法会对折旧的抵税收益造成不同影响，加速折旧法包括双倍余额递减法和年数总额法，这两种折旧方法的抵税效益也不相同，在进行纳税筹划时，要慎重选择。

推迟利润的实现，获取货币的时间价值，并不是固定资产纳税筹划的最终目的，不同税收政策的企业，以及不同盈利状况的企业应该选取不同的筹划方法。对于盈利企业，新增固定资产入账时，其账面价值应尽可能低，尽可能在当期扣除相关费用，尽量缩短折旧年限或采用加速折旧法。对于亏损企业和享受税收优惠的企业，应该合理预计企业的税收优惠期间或弥补亏损所需年限，采用适当的折旧安排，尽量在税收优惠期间和亏损期间少提折旧，以达到抵税收益最大化。

3. 期间费用的纳税筹划

企业在生产经营过程中所发生的费用和损失，只有部分能够计入所得税扣除项目，且有些扣除项目还有限额规定。例如企业发生的业务招待费支出，按照发生额的60%扣除，但最高不得超过当年销售收入的5‰。因此，企业应该严格规划业务招待费的支出时间，对于金额巨大的业务招待费，争取在两个或多个会计年度分别支出，从而使扣除金额最多。

（三）销售的纳税管理

销售在企业经营管理中占有非常重要的地位，销售收入的多少不仅关系到当期流转税额，也关系到企业应纳税所得额，是影响企业税收负担的主要环节。企业销售过程中需要注意以下税收问题：

1. 结算方式的纳税筹划

不同销售结算方式中纳税义务的发生时间不同，这为企业进行纳税筹划提供了可能。销售结算方式的筹划，是指在税法允许的范围内，尽量采取有利于本企业的结算方式，以推迟纳税时间，获得纳税期的递延。分期收款结算方式以合同约定日期为纳税义务发生时间，企业在产品销售过程中，在应收款项无法收回或只能部分收回的情况下，应该选择分期收款结算方式。委托代销商品方式下，委托方在收到销货清单时才确认销售收入，产生纳税义务。因此，企业在不能及时收到货款的情况下，可以采用委托代销、分期收款等销售方式，等收到代销清单或合同约定的收款日期到来时再开具发票，承担纳税义务，从而起到延缓纳税的作用。

2. 促销方式的纳税筹划

不同促销方式下，同样的产品取得的销售额有所不同，其应交增值税也有可能不一样。在销售环节，常见的销售方式有销售折扣和折扣销售。销售折扣是指销货方在销售货物或提供应税劳务和应税服务后，为了鼓励购货方及早偿还货款而许诺给予购货方的一种折扣优待，又称为现金折扣。销售折扣不得从销售额中减除，不能减少增值税纳税义务，但是可以尽早收到货款，提高企业资金周转效率。折扣销售，是给予消费者购货价格上的优惠，如八折销售等。如果销售额和折扣额在同一张发票上注明，可以以销售额扣除折扣额后的余额作为计税金额，减少企业的销项税额。

在零售环节，常见的促销方式有折扣销售、实物折扣和以旧换新等，实物折扣，是指销货方在销售过程中，当购买方购买货物时配送、赠送一定数量的货物，实物款额不仅不能从货物销售额中减除，而且需要按“赠送他人”计征增值税。以旧换新，一般应按新货物的同期销售价格确定销售额，不得扣减旧货物的收购价格。因此，从税负角度考虑，企业适合选择折扣销售方式。

第五章 企业内部控制的要素

第一节 内部环境构成要素

一、大数据信息时代企业内部控制的要素分析

在大数据背景下，宏观经济环境的不断变化，一场网络信息风暴悄然来袭。但是，当我们关注其为企业带来的机遇和经济发展时，却忽略了企业内控制度应与时俱进，坚持大众创业、万众创新，通过新技术新方法辨别和评估新兴技术手段给企业带来的影响，并采取相应措施降低风险。大数据时代是革新的时代，抓住机遇，迎接挑战，提高内控风险应对能力，是每个企业应该思考的问题。本文的研究主要针对大数据背景下企业内控存在的问题和对策，为现代企业内控发展提供了依据，发现大数据背景驱动下企业内控改动的新形态，为企业的管理和发展奠定了坚实的基础。

（一）大数据背景下企业内部控制现状

1. 企业内部控制的创新性和突破性

全球知名咨询公司麦肯锡公司早期提出“大数据时代”，从理论意义上来讲，大数据如今在不同领域中得到广泛的应用。大数据具有的特征包括数据量庞大、价值密度较低、类型复杂，对数据处理的能力提出了较高的需求，进度快、效率高等。在公司发展历程中，大量的资料和数据需要分析和处理，从而无法优化企业内部控制。

第一，转变对内部控制处理系统的操作方法。如今企业深处大数据环境下，对于云计算的不断创新和突破，企业内部数据信息均由专门的计算机数据处理中心进行处理，从实际意义上实现会计电算化，人工系统控制与计算机系统控制相结合，将单一的对人工控制转变成对人和计算机的数据控制。

第二，扩大对计算机数据处理系统的操控范围。由于大数据时代的到来，结合财务工

作的变革，内控也增加了新的工作内容。企业建立内控管理解决系统、组建专业团队控制和运行，工作繁杂，致使企业内控的范围逐步扩大，在延续了传统内部控制的特点的同时，也要涉及对内控系统安全性的控制，对系统使用权限的控制，对计算机病毒的防卫清除控制，对内控团队的监察控制，以及维护人员的岗位职责控制等。

2. 企业缺乏适应性和发展性

国内企业传统的内部控制大多为符合监管部门的监督和考核而建立和执行，但无可厚非的是，企业内控系统是根据本企业发展的实际情况而确立的，同时抓住企业生产经营的微弱部分，并制定对于企业而言切实可行的相关轨制，严格把持各个经营环节和细节，从而提升企业财务会计工作能力。内控制度触及范围较大。企业可以做到充分涉及企业上下，切实实行企业的长期战略措施，同时更加重视企业的短期经营方针，这是内部控制全局性的体现。

企业内控严重缺乏适应性和发展性，绝大多数的企业在内控制度建立之后便不做变动，不能做到与时俱进、不断创新，没有考虑国家发展的宏观经济政策，更无心观察相关竞争者的发展动向，无法对企业的内部控制制度作出适当且合理的调整，无法制定出具有长期发展能力、能够放眼于未来的企业内控制度。

3. 管理机制有待完善

第一，实现大数据的全面覆盖后，企业内控的着力点从对各级管理层的控制逐步转嫁到对企业财务数据录入和输出至计算机系统的控制、人工处理与计算机处理相结合的控制等新出现的问题上。随着世界百强企业的内控制度的不断变革，我们可以感受到企业内控不再是局限于各级管理者明确自己的岗位职责，保证企业工作顺利实施这么简单。

第二，企业也应建立动态的监督机制，识别和评估风险的机制，以及对涵盖企业生产经营全过程的预算控制系统，把握大数据环境给予企业的发展空间，建立健全企业内控发展机制，革新内部管理系统，财务数据保护措施，加强安全措施。

（二）大数据背景下企业内部控制存在的问题

1. 信息载体变更，财务数据真实性受到威胁

由于当前网络环境开放，信息的载体不再局限于纸质媒介，而在面面俱到的网络环境中寻求到了更多的载体。企业财务数据的真实性、安全性再次遭受到了威胁，国家推行会计电算化后，财务管理和业务管理一体化结构，导致企业的经营管理活动过度依赖于网络系统。如各部门对计算机处理系统的管束和维护程度低下或直接忽视管理，会计数据很容易遭受病毒和黑客的威胁，数据的泄露、损坏、肆意更改等问题将严重影响企业的整体

运行。

2. 信息化管理存在漏洞，内控风险系数增大

大数据环境下，企业的内部控制呈现很多新的问题，信息技术的发展限制了人与人之间的接触，也涌现很多利用信息化管理漏洞的高科技犯罪现象。企业的会计信息由纸质资料越来越多地转变为电子信息，书面资料的减少导致电脑可以自动完成传统人工核对的信息，虽然提升了工作效率，但一定程度上加剧了企业信息的不安全性，数据很容易被肆意删除和篡改，加大了控制的危机，削弱了内控制度对企业发展的重大意义。

3. 监督工作复杂，稽核难度大

复杂的信息处理技术如雨后春笋接踵而至，虽然高新技术的发展能够提高企业内部控制的执行效率，但同时也增大了内控的难度系数，导致企业内控工作愈加复杂。在当前环境下，会计电算化的处理模式，越来越多的财务数据通过计算机符号所标识，实物的流转和财务信息的流转出现较大的差异，原始凭证与财务数据不能及时的更新和对应，这也在一定程度上增加了内控监督的内容。

此外，由于网络系统的开放性，黑客、病毒的存在，使企业财务数据失真，从而内控的自我评估过程将变得复杂，因此除了传统的内部监督外，更要对网络环境实施监督，同时，内部稽核、数据的处理必须有计算机专业或信息系统方面的专家参与，难度将大幅度增加。

4. 内控系统更新不及时，内控措施准确性低下

第一，企业内控系统一般是针对反复发生的常规性风险指定的，以降低企业运营风险，提高企业生产经营效率。然而，当宏观经济环境、社会环境、企业内部结构以及生产经营活动流程发生改变时，企业为保证其更好的生存和发展需不断调整和改变总体发展战略和规划，这可能导致企业原有内控程序无法对新的经济形势和经济业务产生应有的影响。

第二，当前社会大部分企业内控措施采取自上而下机制，即由管理层负责制定总体内控目标，交由下一级部门执行任务，权责脱节，内控系统与基层员工信息沟通系统不相融，导致内控措施的可理解性下降，阻碍企业双向助力、共同发展。

5. 信息沟通渠道不流畅，内控时效性下降

企业虽然建立了内控部门，但外部信息披露的渠道却无法顺利打通。传统内控制度针对企业不同层级员工所制定，并非侧重于信息的流通，忽略了财务信息和经营活动信息的传递速度，企业管理层获知各项信息的时效性略低。企业的内控离不开健全的信息交流和数据处理系统，企业必须关注现代信息系统的运用和发展，加强内部信息的沟通交流，从

而获得更有效的信息资源。

（三）大数据背景下促进企业构建有效内控的对策

1. 建设良好信息化内控环境，保证财务数据真实性

在企业内部控制整体目标的指引下，为保证企业战略发展的有序进行，促进经营目标的实现，建立良好的信息化内控环境必不可少。

首先，企业应变革公司治理结构，强化董事会监事会的监督作用，增设信息管理部门，与其余内审监督部门协同合作。

其次，企业应有针对性地制定多项防控措施，通过建立防火墙装置防止黑客攻击，建立数据修复程序从而防止系统瘫痪数据的消失等。

最后，全面分析网络环境，找到企业信息系统的薄弱环节，建立对数据篡改、肆意授权、财务数据被删除等突发事件的应对机制，企业应做到防患于未然，结合其他控制措施，尽力将网络风险降低至企业最佳水平。

2. 建立健全信息化安全管理制度，降低内控风险

为保证企业战略目标的有序推进，财务数据的真实、准确及企业生产经营目标的实现。企业应从以下方面完善信息化安全管理制度，减少其他因素的威胁，降低内控风险。

第一，对企业信息化系统的现行制度进行全面分析，从整体上预估安全风险发生的可能性，从网络攻击者、同行业竞争者以及恶意破坏网络环境者等不同的角度分析企业信息系统的薄弱点，加强保护企业核心机密数据的授权权限。

第二，企业应建立突发风险的应对机制，根据信息化安全风险的不同情况，有针对性地采取防控措施。如：针对企业内部管理系统瘫痪的情况，建立系统自动备份和数据修复程序；针对黑客袭击的潜在威胁，设置计算机防火墙装置；针对权限僭越的问题，建立多重准入机制并保证授权修改的唯一性。

第三，完善企业信息化安全性风险，企业应做到预防性控制和发现性控制多管齐下，防患于未然，同时要及时纠正已发生的错误，做到事前预防，事中管理控制，事后完善处理。

3. 设立风险动态监督系统，完善网络内控措施

结合信息化以及企业发展现状，内控监督模式也应有相应的改进。例如，建立多级动态监督系统，采取从上至下、由内而外的监督理念，管理层对企业总战略目标的制定以及持续监督，内部控制的监督，以及企业可以委托外部审计机构对内部控制制度进行审计，出具审计报告，针对内控的不足进行弥补。在监督和信息沟通方面，企业要发挥其系统和

内部网络平台的优势，建立信息共享模式，保证内部网络通畅，推动内控的不断改进。

4. 及时更新内控系统，提升内控准确性

当前内控系统下，企业财务信息传递速度慢，内控时效性和准确性降低。对此，企业应将传统内控信息系统与计算机数据处理系统相结合，制定出有针对性的内控机制。企业建立会计信息化系统，ERP 供应链系统等内部核算系统，同时促进各部门之间的信息交流系统与内控信息系统融合。如借助于中国移动集团业务，将企业信息做好上传下达，保证企业员工熟悉企业的各项生产经营活动，保证企业全员参加到内控建设中去，有效地实现内控目标。同时，企业应及时更新内控系统，进一步强化和管理会计信息系统，促使企业内部系统软件适应现代信息技术发展水平，并针对系统漏洞，升级原有系统，开发新型信息技术软件，保证企业系统的先进性，从而提升内控措施的时效。

5. 加快信息传达速度，完善内控机制

大数据背景下，由于信息传递媒介存在强烈的共通性，企业应建立有效的信息共享平台和传递机制，应用信息和网络技术，加快信息流通速度，提供沟通渠道，促进内部控制信息沟通，提高对外信息披露的速度，能够加快企业各部门获取各项信息的速度。同时，企业应缓解委托代理冲突和信息不对称性，满足企业股东、政府和社会公众等对企业财务信息获取的时效性。从而保证大数据环境下企业内部控制的信息交流更加流畅，对外沟通也更加有效。

内部环境是影响、制约企业内部控制建立与执行的各种内部因素的总称，是实施内部控制的基础。内部环境的构成要素主要包括治理结构、机构设置与权责分配、内部审计、人力资源政策、企业文化等主要方面。

二、治理结构

（一）公司治理是现代公司制的核心

现代企业制度下的公司制企业的主要特点之一就是所有权与经营权相分离，企业以独立的法人资格自主经营、自负盈亏、自我发展、自我完善。建立规范的公司法人治理结构，既是我国企业的改革方向，也是建立现代企业制度的核心和关键。健全的治理结构、科学的内部机构设置和权责分配是建立并实施内部控制的基本前提，是影响和制约内部环境的首要因素。

由于公司制使所有权与经营权相分离，在这种分离的基础上，经营者有可能利用私人信息的优势谋取个人利益，由于所有者和经营者之间的信息不对称，导致各相关利益主体的地位及其所拥有的信息量的不同，最终决定了契约各方的不对等。公司治理结构涉及各相关利益方之间的关系。公司治理结构在本质上是一种关系合约，包括签约、履约、计量和评价、再签约等一系列过程。建立规范的法人治理结构，通过科学界定决策、管理、执行、监督各层面的地位、职责与任务，可以形成有效的分工和制衡机制。

狭义的公司治理通常是指公司股东直接或间接（通过董事会）对公司管理层进行监督和评价其表现行为；广义的公司治理则包括了公司的整个内部控制系统，它通过自上而下地分配和行使责权，监督、评价和激励董事会、管理层以及员工实现公司目标，以保障包括股东在内的利益关系网的权益。公司治理的实质是确保经营者的行为符合利益相关者的权益。

公司治理已经是被管理人员、投资者、会计、董事会广泛使用的一个概念。有效的公司治理的重要性，是有效的市场规则必不可少的过程，是公司的管理层、董事及其财务报告制度之间的联结纽带。

一个良好的公司治理结构应当实现组织既定的目标，维护股东的权益；确保利益相关者的合法权益，并且鼓励公司和利益相关者积极进行合作，保证及时准确地披露与公司有关的任何重大问题，包括财务状况、经营状况、所有权状况和公司治理状况的信息，确保董事会对公司的战略性指导和对管理人的有效监督，并确保董事会对公司和股东负责。因此，完善的公司治理应该保持良好的内部控制系统，不断检查内部控制的有效性，对外如实指出内部控制现状，保持强有力的内部审计。

国际上认为公司治理的四大基石（关键要素）通常是指以下四个方面：

1. 董事会

确保有效的内部控制系统，确定并监控经营风险和绩效指标。

2. 高级管理层

实施风险管理和内部控制，日常计划、组织安排。

3. 外部审计师

确保独立性，并使审计与咨询业务分开。

4. 审计委员会（内部审计师）

增强报告关系上的独立性，并且有效的内部审计是公司治理结构中形成权力制衡机制并促使其有效运行的重要手段，是公司治理过程中不可缺少的组成部分。

（二）内部公司治理

公司治理分为外部公司治理与内部公司治理。外部公司治理通过资本市场、经理人市场和商品流通市场等发挥作用；内部公司治理通过股东大会、董事会、监事会等发挥作用。

内部公司治理又分为治理结构和治理机制两个方面，两者互相配合，共同决定着一个公司的治理效率。治理结构又称法人治理结构，一般是由股权结构、董事会、监事会、经营班子（或称高层管理人员）等组成的一种组织结构，它们之间构成一种制衡关系。治理机制包括用人机制、监督机制和激励机制等。

内部控制与公司治理既有区别又有联系。企业内部控制与公司治理结构是两个不同的概念。公司治理结构一般是由股东会、董事会、监事会和经理等组成的用来约束经营者行为的控制制度（内部监控机制）；而内部控制是由企业董事会、证监会、经理层和全体员工实施的，旨在实现控制目标的过程。内部控制又与公司治理结构紧密联系。公司治理结构是促使内部控制有效运行、保证内部控制功能发挥的前提，是实行内部控制的制度环境；而内部控制在公司治理结构中担当的是内部管理监控系统的角色。同时，内部控制与公司治理结构都遵循相互牵制、相互制衡的原则，两者是相辅相成的。

三、机构设置与权责分配

机构设置与权责分配充分体现在组织架构之中。组织架构就是指企业按照国家有关法律、法规、股东（大）会决议和企业章程，明确董事会、监事会、经理层和企业内部各层级机构设置、人员编制、职责权限、工作程序性相关要求的制度安排。依法完善组织架构，有利于促进企业实现发展战略和经营目标，防范企业组织架构设计与运行风险，优化企业治理结构、管理体制和经营机制，建立起现代企业制度。

为此，企业至少应当关注组织架构设计与运行中的下列风险：

一是治理结构形同虚设，可能导致企业缺乏科学决策和运行机制，难以实现发展战略和经营目标。

二是组织构架设计不适当，结构层次不科学，权责分配不合理，可能导致机构重叠、职能缺位、推诿扯皮，运行效率低下。

企业设计组织架构，应当坚持权责对等、精简高效、运转协调的原则，综合考虑企业性质、发展战略、文化理念、行业特点、经营业务、管理定位、效益情况和员工总量等因素予以确定，并有利于促进决策科学化和运行规范化。

企业应当根据国家有关法律、法规，结合企业自身股权关系和股权结构，明确董事会、监事会和经理层的职责权限、任职条件、议事规则和工作程序，确保决策、执行和监督相互分离、有机协调，确保董事会、监事会和经理层能够按照法律、法规和企业章程的规定行使职权。

企业应当按照科学、精简、高效的原则，合理地设置企业内部经理层以下职能部门，明确各部门的职责权限和相互之间的责权利关系，形成各司其职、各负其责、相互协调、相互制约的工作机制。应当避免设置业务重复或职能重叠的机构，将企业管理层次保持在合理水平上。

（一）股东（大）会

企业是股东投资创办的，是投资人的企业，投资者才是企业真正的法律意义上的“主人”。只有投资者管理企业的职能不“缺位”，管理企业的职责才能真正落实到位。

有限责任公司股东会由全体股东组成。股东会是公司的权力机构，股东（大）会享有法律、法规和企业章程规定的合法权利，依法行使企业经营方针、筹资、投资、利润分配等重大事项的表决权。

依照《公司法》，股东（大）会行使下列职权：

（1）决定公司的经营方针和投资计划；

（2）选举和更换非由职工代表担任的董事、监事，决定有关董事、监事的报酬事项；

（3）审议批准董事会的报告；

（4）审议批准监事会或者监事的报告；

（5）审议批准公司的年度财务预算方案、决算方案；

（6）审议批准公司的利润分配方案和弥补亏损方案；

（7）对公司增加或者减少注册资本作出决议；

（8）对发行公司债券作出决议；

（9）对公司合并、分立、解散、清算或者变更公司形式作出决议；

（10）修改公司章程；

（11）公司章程规定的其他职权。

（二）董事会

有限责任公司董事会为常设机构，是由股东会选举产生的3~13名董事组成的公司经营决策及业务执行机构，对外代表公司。董事会对股东（大）会负责，依法行使企业的经营决策权，董事会负责内部控制的建立健全和有效实施。

董事会设立须由董事担任的董事长1人，为公司的法定代表人，副董事长1~2人。股东人数较少和规模较小的公司可不设董事会，而只设1名执行董事，该执行董事为公司的法定代表人，可兼任公司经理。

依照《公司法》，董事会行使下列职权：

（1）召集股东会会议，并向股东会报告工作；

（2）执行股东会的决议；

（3）决定公司的经营计划和投资方案；

（4）制定公司的年度财务预算方案、决算方案；

（5）制定公司的利润分配方案和弥补亏损方案；

（6）制定公司增加或者减少注册资本以及发行公司债券的方案；

（7）制定公司合并、分立、解散或者变更公司形式的方案；

（8）决定公司内部管理机构的设置；

（9）决定聘任或者解聘公司经理及其报酬事项，并根据经理的提名决定聘任或者解聘公司副经理、财务负责人及其报酬事项；

（10）制定公司的基本管理制度；

（11）公司章程规定的其他职权。

董事任期由公司章程规定，但每届任期不得超过三年。董事任期届满，连选可以连任。股东会不得在董事任期届满前无故解除其职务。

（三）监事会

监事会或监事为公司常设的监督机构。有限责任公司设监事会，其成员不得少于 3 人，股东人数较少或者规模较小的有限责任公司，可以设 1~2 名监事，不设监事会。

监事会应当包括股东代表和适当比例的公司职工代表，其中职工代表的比例不得低于 1/3，具体比例由公司章程规定。监事会中的职工代表由公司职工通过职工代表大会、职工大会或者其他形式民主选举产生。

监事会设主席 1 人，由全体监事过半数选举产生。监事会主席召集和主持监事会会议。监事会主席不能履行职务或者不履行职务的，由半数以上监事共同推举一名监事召集和主持监事会会议。

董事、高级管理人员不得兼任监事。

监事的任期每届为三年。监事任期届满，连选可以连任。监事任期届满未及时改选，或者监事在任期内辞职导致监事会成员低于法定人数的，在改选出的监事就任前，原监事仍应当依照法律、行政法规和公司章程的规定，履行监事职务。

监事会对股东（大）会负责，监督企业董事、经理和其他高级管理人员依法履行职责。监事会对董事会建立与实施内部控制进行监督。

依照《公司法》，监事会或不设监事会的公司的监事行使下列职权：

（1）检查公司财务；

（2）对董事、高级管理人员执行公司职务的行为进行监督，对违反法律、行政法规、公司章程或者股东会决议的董事、高级管理人员提出罢免的建议；

（3）当董事、高级管理人员的行为损害公司的利益时，要求董事、高级管理人员予以纠正；

（4）提议召开临时股东会会议，在董事会不履行本法规定的召集和主持股东会会议职责时召集和主持股东会会议；

（5）向股东会会议提出提案；

（6）依照本法有关规定，对董事、高级管理人员提起诉讼；

（7）公司章程规定的其他职权。

监事可以列席董事会会议，并对董事会决议事项提出质询或者建议。

监事会、不设监事会的监事发现公司经营情况异常，可以进行调查，必要时，可以聘请会计师事务所等协助其工作，费用由公司承担。

监事会每年度至少召开一次会议，监事可以提议召开临时监事会会议。

（四）经理层

根据《公司法》的规定，有限责任公司可以设经理，由董事会决定聘任或者解聘。经理对董事会负责，行使下列职权：

（1）主持公司的生产经营管理工作，组织实施董事会决议；

（2）组织实施公司年度经营计划和投资方案；

（3）拟订公司内部管理机构设置方案；

（4）拟订公司的基本管理制度；

（5）制定公司的具体规章；

（6）提请聘任或者解聘公司副经理、财务负责人；

（7）决定聘任或者解聘除应由董事会决定聘任或者解聘以外的负责管理人员；

（8）董事会授予的其他职权。

公司章程对经理职权另有规定的，从其规定。

经理层负责组织实施股东（大）会、董事会决议事项，主持企业的生产经营管理工作。经理可以列席董事会会议。经理层负责组织领导企业内部控制的日常运行。

企业的“一把手”通常是指公司的总经理或董事总经理，鉴于经理层（尤其是总经理）的地位特殊、实际操作的权力巨大，在企业内部的控制管理中，总经理可能既是舞弊风险的最大来源，同时也是控制舞弊风险的关键。如果能够有效预防总经理滥用权力，就可以杜绝大部分潜在的舞弊风险。为此，内控管理就必须建立在有效均衡的权力约束机制上，也就是在企业管理体系中应当特别针对总经理等高级管理人员制定一套完整的内部控制系统。

第二节　风险评估构成要素

一、风险的特点

市场经济就是风险经济，因而风险是客观存在的。风险通常是指对实现内部控制目标可能产生负面影响的不确定性因素。风险一般具有以下五个方面的特点。

（一）客观性和普遍性

作为损失发生的不确定性，风险是不以人的意志为转移并超越人们主观意识的客观存在，而且在项目的全寿命周期内，风险是无处不在、无时不有的。这就说明为什么人类一直希望认识和控制风险，但直到现在也只能在有限的空间和时间内改变风险存在和发生的条件，降低其发生的频率，减少损失程度，而不能也不可能完全消除风险。

（二）某一具体风险发生的偶然性和大量风险发生的必然性

任何具体风险的发生都是诸多风险因素和其他因素共同作用的结果，是一种随机现象。个别风险事故的发生是偶然的、杂乱无章的，但通过对大量风险事故资料进行观察和统计分析，就法规其呈现出明显的运动规律，这就使人们有可能用概率统计方法及其他现代风险分析方法去计算风险发生的概率和损失程度，促进了风险管理的迅猛发展。

（三）可变性

这是指在项目实施的整个过程中，各种风险在质和量上是可以变化的。随着项目的进行，有些风险得到控制并消除，有些风险会发生并得到处理，同时在项目的每一阶段都可能产生新的风险。

（四）多样性和多层次性

例如，大型开发项目周期长、规模大、涉及范围广、风险因素数量多且种类繁杂，致使其在全寿命周期内面临的风险多种多样。而且大量风险因素之间的内在关系错综复杂，各风险因素之间与外界交叉影响，又使风险显示出多层次性。

（五）扩散性和突发性

例如，在金融市场中，金融机构是整个社会金融活动的中介，是多边信用网络上的节点。金融机构的参与，使原始的信用关系变成相互交织、相互联动的网络。金融活动不是完全独立的，其外部效应广泛存在。任何一个节点出现断裂，都有可能产生连锁反应，引起其他节点波动，进而导致金融体系的局部甚至整体发生动荡和崩溃。另外，金融市场风险收益或损失的不确定性，不一定立即表现为现实的损失。因此，风险责任人往往存有侥幸心理，尽力掩盖风险，期待市场出现转机。加之金融机构具有信用创造能力，能掩盖已经出现的损失和问题。

风险评估是及时识别、科学分析和评价影响企业内部控制目标实现的各种确定因素采取应对策略的过程，是实施内部控制的重要环节。认识、分析与评估风险的重要意义在于权衡风险，从而做到知己知彼，防患于未然。

二、目标设定

企业管理层在识别和评估实现目标的风险并采取行动来管理风险之前，应采取恰当的程序设定目标，确保所选定的目标支持和切合企业的发展使命，并且与企业的风险承受能力相一致。

目标设定是风险识别、风险分析和风险应对的前提。企业应当按照战略目标，设定相关的经营目标、财务会计报告目标、合规性目标与资产安全完整目标，并根据设定的目标合理确定企业整体风险承受能力和具体业务层次上的可接受的风险水平。

企业应当根据设定的控制目标，全面、系统、持续地收集相关信息，结合实际情况，及时进行风险的识别与系统分析，合理确定风险应略。

三、风险识别

风险识别是指企业管理层从影响目标实现的内部或外部原因中识别潜在的风险事项。风险识别技术实际上就是收集有关损失原因、危险因素及其损失暴露等方面信息的技术。

风险识别所要回答的问题：存在哪些风险，哪些风险应予以考虑，引起风险的主要原因是什么，这些风险所引起的后果及严重程度如何，风险识别的方法有哪些，等等。

在进行风险识别时，企业应当在充分调研和科学分析的基础上，准确识别影响企业内部控制目标实现的内部风险因素和外部风险因素。风险承受度是企业能够承担的风险限度，包括整体风险承受能力和业务层面的可接受风险水平。

（一）内部风险因素

内部风险因素是企业风险存在的内在原因，属于主要因素。企业应当关注的内部风险因素相当复杂多变，归纳起来主要有以下几个方面：

（1）董事、监事、经理及其他高级管理人员的职业操守、员工专业胜任能力等人力资源因素。

（2）组织机构、经营方式、资产管理、业务流程等管理因素。

（3）研究开发、技术投入、信息技术运用等自主创新因素。

（4）财务状况、经营成果、现金流量等财务因素。

（5）营运安全、员工健康、环境保护等安全环保因素。

（6）其他有关内部风险因素。

（二）外部风险因素

外部风险因素是企业风险存在的外在原因，属于重要因素。企业应当关注的外部风险因素包括方方面面。按照《企业内部控制基本规范》的归类分析要求，企业识别外部风险，应当关注下列因素：

（1）经济形式、产业政策、融资环境、市场竞争、资源供给等经济因素。

（2）法律法规、监督要求等法律因素。

（3）安全稳定、文化传统、社会信用、教育水平、消费者行为等社会因素。

（4）技术进步、工艺改进等科学技术因素。

（5）自然灾害、环境状况等自然环境因素。

（6）其他有关外部风险因素。

企业在进行风险识别时，可以采取座谈讨论、问卷调查、案例分析、咨询专业机构意见等方法，特别应注意总结、吸取企业过去的经验教训和同行业的经验教训，加强对高危性、多发性风险因素的分析与关注。

风险识别是风险评估的重要步骤。识别和分析风险是风险评估中最重要也是最困难的步骤。因为对一种尚未认识到的风险，显然无法有效地加以管理。但是，一旦我们能够识别风险，如何以最好的方式加以管理，就可能一下子变得清晰了。

风险识别是一项连续性的工作。这主要是因为任何事物都在变化。新科技、新产品、新道德观均可能改变原来的风险性质，也可能增加前所未有的风险。如没有连续的风险识别工作，企业将难以发现自己所面临的潜在风险。风险识别作为一个管理过程，要有组织有制度，因而又是一项制度化的工作。当然，这项工作也是一门艺术，需要想象力和洞察力。

第三节 控制活动构成要素

控制是一个过程，控制活动更是一个系统，其构成要素，包括控制方法、控制措施等。

一、控制方法

由于控制活动是企业根据风险评估结果，采取相应的控制措施，将风险控制在可承受度之内，所以，企业应当结合风险评估结果，通过手工控制与自动控制、预防性控制与发现性控制相结合的方法，运用相应的控制措施，将风险控制在可承受度之内。

企业可以实施的控制方法很多，且与控制意图密切相关。例如预防性控制、侦查性控制、纠正性控制、指导性控制和补偿性控制等控制方法，由于控制的意图与相应的功能不同，其所发挥的作用是有区别的。

（一）预防性控制

预防性控制是指为防范风险、错弊和非法行为的发生，或尽量减少其发生机会所进行的一种控制。它主要解决“如何能够在一开始风险和错弊的发生”的问题。预防性控制是由不同的人员或职能部门在履行各自职责的过程中实施的。预防性控制措施包括职责分离、授权批准等。虽然预防性控制能够在事前防止损失的发生，降低风险，但全面采取预防性控制可能是相当困难的，实践中很难做到百分之百的预防。因此，光有预防性控制是不够的，还必须有侦查性控制等。

（二）侦查性控制

侦查性控制是指为及时识别已存在的财务危机和已发生的错弊和非法行为或增强识别

风险和发现错弊机会的能力所进行的各项控制。在缺乏完善可行的预防性控制措施的情况下，侦查性控制是一种很有效的监督工具，它主要是解决“如果风险和错误仍然发生，如何识别”的问题。例如：通过账账核对、实物盘点，以发现记账错误和货物短缺；通过有关财务指标的分析，识别存在的财务风险等。

（三）纠正性控制

纠正性控制是对那些由侦查性控制查出的问题的结果与设计标准的比较，对发现的差异予以适当的纠正。

（四）指导性控制

指导性控制，是为了实现有利结果采取的控制。前面的预防性控制、侦查性控制和纠正性控制是为了预防、检查和纠正不利的结果，而指导性控制却是为了实现有利结果。这种控制在实现有利结果的同时，也避免了不利结果的发生。

（五）补偿性控制

补偿性控制，是针对某些环节的不足或缺陷而采取的控制措施。之所以需要这种控制，主要是为了把风险水平限制在一定范围内。对于某个特定系统而言，分析风险水平时，必须充分考虑由于存在薄弱环节将来可能会发生的问题。一项补偿性控制可以包含多个控制措施，也就是说，可把多重控制手段作为一项控制程序来看待。

实施预防性控制实质上就是一种事前控制，由于在行为发生之前就实施相应的控制，可以有效地防止财务资源在质和量上发生偏差等。指导性控制也具有某种程度上的事前控制作用。

实施侦查性控制、纠正性控制和补偿性控制实质上是事中控制和事后控制，其偏重于发现性控制，由于是在财务收支活动发生过程中或结束后进行控制，对发现问题、解决问题、明确责任、落实考核及相应的奖罚都可能是有益的。

二、控制措施

控制措施，是根据风险评估结果，结合风险应对策略所采取的确保企业内部控制目标得以实现的方法和手段，是实施内部控制的具体方式。控制措施应结合企业具体业务和事项的特点与要求制定。按照《企业内部控制基本规范》的要求，控制措施一般包括不相容职务分离控制、授权审批控制、会计系统控制、财产保护控制、预算控制、运营分析控制和绩效考评控制等。

企业应当根据内部控制目标，结合风险应对策略，综合运用控制措施，对各种业务和事项实施有效控制，确保将剩余风险（指企业采取控制措施之后仍可能发生的风险）控制在可接受水平之内，以合理保证企业不出现内部控制的重大缺陷和企业内部控制目标的实现。例如，对实现财务报告真实可靠和资产安全完整控制目标有重要影响的具体业务与事项通常包括但不限于以下各项：货币资金、采购与付款、存货、对外投资、工程项目、固定资产、销售与收款、筹资、成本费用、担保、财务报告编制、信息披露、预算、合同协议、关联交易；企业合并、资产重组、衍生金融工具运用、母公司对子公司的控制、人力资源政策、计算机信息系统等。上述业务与事项随着企业经营管理和外部环境的变化而不断发展变化，企业应当结合实际，运用各种控制方法，采取相应的控制措施，将风险控制在可承受度之内。

第四节　信息与沟通构成要素

市场经济的典型特征之一是经济。信息社会中的企业加强控制的重要环节之一就是监控信息，在竞争中掌握信息的主动权。为了有效地防范风险，企业的信息沟通一定要及时、要有用、要有效。信息与沟通的构成要素一般包括建立信息与沟通制度、提高信息的有用性、及时沟通与反馈信息等几个方面。

一、建立信息与沟通制度

信息与沟通是指及时、准确、完整地收集与企业经营管理相关的各种信息，并使这些信息以适当的方式在企业有关层级之间进行及时传递、有效沟通和正确应用的过程。

企业应当建立有效的信息收集系统和信息沟通渠道，确保影响内部环境、进行风险评估、运用控制措施、实施监督检查的各方面信息有效传递，促进企业董事会、管理层和员工正确履行相应的职责。

企业应当建立信息与沟通制度，明确内部控制相关信息的收集、处理和传递程序，确保信息及时沟通，促进内部控制有效运行。

企业应重视建立与健全会计信息系统。一个有效的会计信息系统应当做到：确认和记录所有有效交易；及时详细地描述交易，以便在报告中对其进行正确分类；能以某种方式计量交易的价值，以便在报告中以适当的货币价值记录交易；确定交易发生的期间，以便将交易记录在恰当的期间；在财务报告中适当地表达交易事项和披露相关事项。

二、提高信息的有用性

信息系统是指利用计算机技术对业务和信息进行集成处理的程序、数据和文档等的总称。企业应当对收集的各种内部信息和外部信息进行合理筛选、核对、整合，提高信息的有用性。

企业内部信息主要包括财务会计信息、生产经营信息、资本运作信息、人员变动信息、技术创新信息、综合管理信息等。企业可以通过财务会计资料、经营管理资料、调研报告、专项信息部、刊物、办公网络等渠道，获取内部信息。

企业外部信息主要包括政策法规信息、经济形势信息、监管要求信息、市场竞争信息、行业动态信息、客户信用信息、社会文化信息、科技进步信息等。企业可以通过行业协会组织、社会中介机构、业务往来单位、市场调查、来信来访、网络媒体以及有关监管部门等渠道，获取外部信息。

三、及时沟通与反馈信息

企业应当将内部控制相关信息与企业内部各管理级次、责任单位、业务环节之间，以及企业与外部投资者、债权人、客户、供应商、中介机构和监管部门等有关方面之间进行沟通和反馈。信息沟通过程中发现的问题，应当及时报告并加以解决。重要信息应当及时传递给董事会、监事会和经理层。

企业收集的信息应当真实、准确、完整、及时、相关。企业应当准确识别、全面收集来源于企业外部及内部、与企业经营管理相关的财务及非财务信息，为内部控制的有效运行提供信息支持。

信息的外部沟通要求企业应当规范信息沟通的渠道、方式和程序，促进内部控制相关信息在企业内部各管理层级、责任单位、业务环节之间，以及企业与外部投资者、债权人、客户、供应商、中介机构和监管部门等有关方面之间的沟通和反馈。

第五节　内部监督构成要素

内部监督的构成要素一般包括内部控制监督制度、内部控制缺陷认定标准等方面。

一、内部控制监督制度

实施对企业内部控制的监督制度是防止内部控制制度“徒有虚名”和“走过场”的有效措施。企业应当根据要求及其配套实施方法，制定内部控制监督制度，明确内部审计机构（或经授权的其他监督机构）和其他内部机构在内部监督中的职责权限，规范内部监督的程序、方法和要求。

内部控制监督一般可以分为日常监督和专项监督两个方面。日常监督是指企业对建立与实施内部控制的情况进行常规、持续的监督检查。持续性监督检查具有连续的、全面的、系统的特征。专项监督是指在企业发展战略、组织结构、经营活动、业务流程、关键岗位员工等发生较大调整或变化的情况下，对内部控制的某一或者某些方面进行有针对性的监督检查。专项监督的范围和频率应当根据风险评估结果以及日常监督的有效性等予以确定。专项监督具有不定期的、专门的、有针对性的特征。日常监督和专项监督（或称为持续性监督检查和专项监督检查）应当有机结合，互相补充。

企业董事会所属审计委员会、内部审计机构或者实际履行内部控制监督职责的其他有关机构应当根据国家法律、法规要求和企业授权，采取适当的程序和方法，对内部控制制度的建立与实施情况进行监督检查，形成检查结论并出具书面检查报告。履行内部控制监督检查职责的机构，应当加强队伍职业道德建设和业务能力建设，不断提高监督检查工作的质量和效率，树立并增强监督检查的权威性。

二、内部控制缺陷认定标准

《企业内部控制基本规范》第四十五条要求企业制定内部控制缺陷认可标准，对监督过程中发现的内部控制缺陷，应当分析缺陷的性质和产生的原因，提出整改方案，采取适当的形式及时向董事会、监事会或者经理层报告。

内部控制缺陷是指内部控制制度的设计存在漏洞、不能有效防范错误与舞弊，或者内部控制制度的运行存在弱点和偏差、不能及时发现并纠正错误与舞弊的情形。内部控制缺陷包括设计缺陷和运行缺陷。企业对在监督检查过程中发现的内部控制缺陷，应当采取适当的形式及时进行报告，同时，应当分析内部控制缺陷产生的原因，并有针对性地提出改进意见，不断健全和完善企业内部控制制度。

内部控制重大缺陷是指业已发现的内部控制缺陷可能严重影响财务会计报告的真实可靠和资产的安全完整。对于监督检查中发现的重大缺陷或者重大风险，应当及时向董事长和经理汇报。

企业应当结合其内部控制制度，对在监督检查中发现的违反内部控制规定的行为，及时通报情况和反馈信息，维护内部控制制度的严肃性和权威性。企业应当跟踪内部控制缺陷整改情况，并就内部监督中发现的重大缺陷，追究相关责任企业或者责任人的责任。

第六章　企业内部控制体系的构建

第一节　企业内部控制的目标体系

一、企业内部控制目标体系的提出

就企业绩效管控的思维，任何漫无目标的管理措施确定是无效的，甚至增加企业的成本，导致不必要的资源浪费。企业进行内部控制管理系统构建时，控制目标是企业建立控制制度所要达到的预期目的和效果；内部控制目标的定位是构建企业内部控制管理系统的关键。内部控制本身是一种手段，是企业为了达到所设定的目的而进行的过程与活动，而这些目的便是内部控制的目标；此为内部控制存在的根本，体现的是内部控制存在的目的及存在的最终预期结果。同时，内部控制目标也是建立内部控制框架以及考核、评价内部控制的指导性参照文件。因此，内部控制管理系统除了要服务于组织其他的次级管理系统，内部控制目标更应融合，构筑于企业的其他各项管理目标。

国内企业目前正处于内部控制标准的研究和制定建设阶段，首先应明确内部控制的目标，才足以明确内部控制的方向，因此可以说，明确内部控制目标，是构建企业内部控制体系的基础和出发点，也是测试、评价企业内部控制体系建设与运行状况的基本标准。现今企业如何定位、设计、建构适用的内部控制管理系统与制定内部控制标准、明确内部控制的目标，此种繁杂的系统设计工程，有赖于我们认真加以思考，也迫切需要理论研究的支持。

内部控制目标是合理保证企业经营管理合法合规、资产安全、财务报告及相关信息真实完整，促进提高经营效率和效果，实现企业可持续发展战略。我国有关“内部控制”的教材和文献中，一般提两个方面，每个方面有三项目标，共六项目标。

（一）会计控制目标

（1）确保财产物资的完整性。

（2）保证会计信息的准确性。

（3）确保财务活动的合法性。

（二）管理控制目标

（1）保证生产经营活动的经济性、效率性和效果性。

（2）保证国家法律、法规的遵守执行。

（3）保证经营决策的贯彻执行。

应该说这些目标是高度概括的，对任何企业都适用。

顺应国际管理的新思潮，内部控制管理体系——尤其是内部审计部门的定位与作业，更趋向于内部顾客服务的角度，更足以体现内部控制制度是一种激励机制。现行的管理体系融合了目标管理理论、工作动机理论、激励理论等，其重点是在诱导人的事前行为。众所周知，一个好的管理机制应该诱导成员及所有的利益相关者选择合理、向善的行为，而不是只约束一部分人的背离、乖戾行为，内部控制是事前的引导管理和预防错弊，绝非仅仅事后的纠错处置。

二、企业内部控制的目标定位

企业风险管理是一个过程，是由企业的董事会、管理者以及其他人员共同实施的。应用于战略制定及企业各个层次的活动，旨在识别可能影响企业的各种潜在事件，并按照企业的风险偏好管理风险，为企业目标的实现提供合理的保证。

特定内部控制的目标应针对组织内部的每一活动来制定，并且应当是适当、易于理解及合理的，并与整个组织目标相符合。控制目标是管理阶层计划达成的正面效果，或意图避免产生负面的效果。为发展特定控制目标，首先应对所有活动进行大致的分类，然后在每一分类内，将活动划分成一组或多组重复发生的活动过程，以利于处理特殊的交易或事件等关键过程的关键性控制。这些组合应配合企业的组织结构及其责任的划分。企业的活动大致可分为：管理活动，经营活动，财务活动，行政活动。为发展控制目标，对例行重复发生的活动必须加以认定与分析。

我国目前正在加紧进行企业内部控制标准体系的建设。我国企业内部控制标准的制定应当体现出中国的特色，并顺应公司治理和企业管理的历史发展趋势，从而使内部控制管理体系更具有实用性、科学性、前瞻性与全面性。《公司法》要求企业既设立董事会，又设立监事会，而且赋予了监事会在公司治理和内部控制方面较多的职责和权限。例如：检查公司财务；对董事、高级管理人员执行公司职务的行为进行监督，对违反法律、行政法规、公司章程或者股东会决议的董事、高级管理人员提出罢免建议；当董事、高级管理人员的行为损害公司的利益时，要求董事、高级管理人员予以纠正等。《公司法》还为监事会行使职权提供了法律保障，规定：监事会、不设监事会的公司的监事发现公司经营情况异常，可以进行调查；必要时，可以聘请会计师事务所等协助其工作，费用由公司承担。除重视股东利益的保护外，我国法律也一直十分重视对员工权益的保护。《公司法》规定：两个以上的国有企业或者两个以上的其他国有投资主体投资设立的有限责任公司，其董事会成员中应当有公司职工代表；其他有限责任公司董事会成员中可以有公司职工代表；监事会应当包括股东代表和适当比例的公司职工代表，其中职工代表的比例不得低于三分之一，具体比例由公司章程规定；董事会、监事会中的职工代表由公司职工通过职工代表大会、职工大会或者其他形式民主选举产生。因此，我国企业内部控制标准体系的设计必须统筹考虑股东会或股东大会，董事会对上市公司来说还包括独立董事、监事会、管理层、员工等在内部控制中的职权和分工。

鉴于企业的数量众多，类型也是多种多样，各个企业的目标追求更可谓千差万别。要制定一套具有广泛、长期适用性的内部控制标准体系，需要在企业内部控制的目标定位上具有高度的概括性，既要立足于现实，又要兼顾长远的发展。从现阶段来看，保证财务报告的真实、可靠或许是企业内部控制体系建设需要突出关注的目标；然而，以高瞻远瞩思维观之，内部控制的目标更应当把企业战略与经营的效率和效果作为重点考虑的目标，把保障企业目标的实现作为其基本的目标。

关于内部控制目标设定课题的探讨，以及对于内部控制实践的价值至少可以体现在如下六个方面：

第一，内部控制目标为企业内部的控制行为规定了统一的方向；

第二，内部控制目标可以起到凝聚人心的作用；

第三，内部控制目标可以加强员工对组织的认同感；

第四，内部控制目标可以提高控制效率；

第五，内部控制目标有助于在企业形成规范的工作秩序；

第六，内部控制目标为考核控制效率、内外部审计提供了依据。

企业全面控制的目标应该与社会发展和企业发展目标相一致。

就企业的内部控制管理体系架构而言，至少应该与企业的管理目标相一致。在实际工作中全面控制的目标不能固定而导致僵化，必须因主体、需要的不同而不同。单位的规模、性质不同，控制目标就不同，就是一个单位具体控制活动的目标也是不同的，各有侧重。就单位的全面控制目标，总体目标是控制风险，促使组织目标的实现，具体的目标因需要的不同而不同，可根据需要分为以下四个层次：

第一层次的目标是保障经营活动的合规合法性，保证法律法规的遵照执行；

第二层次的目标是防弊纠错，保证财产物资的安全，保证会计信息的及时与真实；

第三层次的目标是建立健全符合现代企业制度要求的法人治理结构，形成科学合理的决策机制，促进提高经营管理的效率和效益，实现发展战略和经营目标；

第四层次的预防和控制各种错误和弊端，及时采取有效纠正措施，防范经营管理中的各种风险。

以上的第一、第二层次是与会计审计需要相关的控制目标，第三、第四层次是与治理、管理、风险需要相关的控制目标。值得注意的是：首先，内部控制每个目标之间是相互联系的，不可能绝对地分隔开来。其次，设定内部控制的目标，如果就管理实务来说，工作量可能比较大、比较复杂，因为有很多数据需要进行统计和分析。

第二节　企业内部控制构建的原则

一套完整有效的内部控制体系有助于实现内部控制的目标，进而实现企业的目标。完整有效的内部控制体系除了应当满足相关规范的要求外，还应当体现出其所应具备的系统性、适当性及预防性功能。在进行内部控制构建时企业应当遵循以下原则。

一、系统性原则

由于内部控制的内涵越来越广泛，与企业的经营者及企业的经营目标联系越来越密切，各个构成部分不断融合为一个不可分割的系统。因此，内部控制的构建首先要遵循系统性原则，即内部控制系统应当涵盖企业所有的层面，并相互协调，使企业的治理层次、管理层次有效地整合为内部控制体系。

（一）企业组织结构

将企业的治理层次、管理层次进行整合，使其相互协调，成为有效运转的内部控制体系，首先必须认真分析企业的组织结构。

（二）权力的分派

委托代理关系条件下的现代企业内部表现为不同层次的权责分派。按照权责的不同，企业的权责分派体系应当主要包括决策权的分派和监督权的分派两个方面。

1. 决策权的分派

按照决策影响范围的大小和影响时间的长短，企业的决策权一般划分为经营决策权、管理决策权和业务决策权。

（1）经营决策权

企业的经营决策权，具有全局性、长期性、战略性的特点。主要包括确定或改变企业的经营方向和经营目标、新产品开发、企业上市、企业并购、开拓新的市场、扩展生产能力等。企业的经营决策权一般掌握在高层经营管理者手中，如董事会、总经理等。

（2）管理决策权

企业的管理决策权是指对企业的人力、资金、物资等资源进行合理配置，以及经营组织结构加以改变的决策，具有局部性、中期性和战术性的特点。管理决策的制定必须为实现企业战略目标服务。企业的管理决策权一般掌握在企业的中层管理者手中。

（3）业务决策权

业务决策是在一定的企业运行机制基础上，处理日常业务的决策，具有琐细性、短期性与日常性的特点。主要包括日常的对供应、生产、销售等活动的处理权。业务决策权一般掌握在企业的基层管理者手中。

2. 监督权的分派

企业的整个监控体系包括监事会、审计委员会及内部审计部门。由于监事会直接向股东大会负责，因此，监事会的监督职责在于监督董事会及企业的高层管理人员，即我们经常提到的对企业经营者的监督。而审计委员会作为董事会下的监督机构，主要职责是对管理层进行监督。企业的内部审计部门则主要是针对企业有关内部制度执行情况进行监督，涉及企业经营的各个方面，包括企业经营的效果、效率，企业财务报告信息的真实性及企业运转的合法性、合规性等。

内部控制系统的构建应当体现出企业不同层次的委托代理关系，以及由此而产生的相互制衡机制，从而保障企业不同层次目标的实现及企业长远目标的实现。企业应当按照不同权责层次来构建企业的内部控制。

二、可操作性原则

一套具有可操作性的内部控制体系必须从企业自身特点出发，遵循成本效益原则，并充分考虑到内部控制的局限性。企业进行企业内部控制构建时，应注意以下几点：

（一）充分考虑企业的特点

内部控制构建必须从企业的实际出发。每个企业所处的行业、经营的规模等方面的特点不同，使得企业在所处的内外环境方面、职责分工方面、组织结构方面、业务运转的程序及面对的企业客户方面都存在差别。在构建内部控制时，企业应当主要考虑企业内部环境、企业规模及行业特征、企业经营战略、成本因素等。

（二）认真进行成本效益分析

在构建和实施内部控制花费的成本和由此而产生的经济效益之间要保持适当的比例，即实行内部控制所花费的代价不能超过由此而获得的效益。否则应舍弃该控制措施，或采取其他相应的替代性控制措施。

（三）正确认识内部控制的固有局限性

内部控制的局限性主要体现在：内部行使控制职能的管理人员滥用授权；内部承担不相容职务的人员串通舞弊；内部行使控制职能的人员素质不适应岗位要求；由于遵循实施内部控制的成本与效益原则而影响内部控制的效能；适用于经常而重复的业务；等等。

三、预防性原则

预防性功能主要表现为对各类风险的分析和防范。预防性动能的实现主要有赖于企业风险管理机制的设立、内部牵制制度的实施及业务活动的流程化设计。

（一）建立风险管理机制

1. 风险管理组织机构

根据企业规模大小、管理水平、风险程度以及生产经营的性质等方面的特点，在企业全体员工参与合作和专业管理相结合的基础上，应建立一个包括风险管理负责人、一般专业管理人、非专业风险管理人和外部的风险管理服务等规范化风险管理的组织体系。该体系应根据风险产生的原因和阶段不断地进行动态调整，并通过健全的制度来明确相互之间的责、权、利，使企业的风险管理体系成为一个有机整体。

2. 风险预警体系

企业建立风险预警系统，即通过对风险进行科学的预测分析，预计可能发生的风险，并提醒有关部门采取有力的措施。企业风险预警体系的建立，将促使企业风险管理机构和人员密切注意与本企业相关的各种内外因素的变化发展趋势，从对因素变化的动态中分析预测企业可能发生的风险，进行风险预警。

（二）实施内部牵制制度

实践证明，内部牵制机制确实有效地减少了错误和舞弊行为。因此，在现代内部控制理论中，内部牵制仍占有重要的地位，成为有关组织机构控制、职务分离控制的基础。

（三）设计流程化的业务活动

企业实际运转中相关业务活动的控制，在企业内部控制系统中占有举足轻重的位置。企业业务活动控制应当按照业务循环来设计，对于企业的主要经济业务应当设计流程化的内部控制制度，并与企业的信息系统相结合。内部控制构建人员应当对重要经济业务进行流程分析，找出关键控制点，作为日常管理控制的重点。

第三节　分阶段构建内部控制体系

一、内部控制体系构建的背景

随着我国市场经济的发展和现代企业制度的逐步完善，内部控制在企业生产运营中发挥着越来越重要的作用。内部控制体系保证企业在快速发展过程中始终保持清醒的头脑，注重把风险控制在我们可接受的范围内。加强内部控制体系构建，能够合理保证《企业内部控制基本规范》提出的“企业经营管理合法活动合规、资产安全完整、财务报告及相关信息的真实完整可靠，提高企业经营的效率和效果，促进企业实现发展战略”等目标。

毋庸置疑，内部控制作用的发挥有赖于内部控制体系的有效性，虽然内部控制的有效性可以通过内部自我评估和外部审计得到一定确证，但是这种评估和确证都是事后的，由于内部控制体系构建时逻辑模型存在的模糊性、不稳定性，以及不可及时验证性，使得事先很难测试内部控制体系需求分析的正确性和完整性，加以内部控制体系涉及很多管理体制、组织结构、人文思想和社会环境等社会因素，使得需求分析阶段的错误，不能立即纠正，影响后面内部控制体系的构建和实施，而且错误犯得越早，纠错代价越高。

众所周知，内部控制体系构建是一个技术复杂、涉及面广、投资不菲的系统工程，即使某一个环节、层级或者职能出现问题都可能降低企业内部控制体系的有效性，影响内部控制目标的实现。

二、研究框架设计

鉴于企业内部控制体系构建是一项涉及面广、技术复杂的系统工程，下面以系统论为理论指导，以问题为导向，应用规范研究方法，设计相应的研究框架。

首先，确定研究问题和研究条件。基于问题导向确定研究问题，研究企业构建内部控制体系的决策问题，为相关领域的同类和后续研究提供助推力量和参考基础，为学术资源体系贡献文献积累和知识增量，同时也试图推动和启发与内部控制体系构建和实施相关的更多的纵深研究；在界定研究问题的前提下，明确研究基础是信息化和工业化深度融合条件。

其次，通过分析企业构建内部控制体系存在的误区，明确中国企业内部控制体系构建和实施过程中存在的误区和原因，探索我国企业内部控制体系构建规律。

最后，诠释我国企业内部控制体系构建三段论，明确每一阶段的特征、目标以及过程导向的内部控制体系构建可行性评价标准，使企业能够结合自身的管理水平、信息化阶段、技术基础和管理基础构建企业内部控制体系，拓展了企业内部控制理论研究，为我国企业构建内部控制体系提供实践指导。

三、企业内部控制体系的构成

（一）企业内部控制体系的构建基础和前提条件

以计算机技术为代表的现代信息技术推动人类进入了新时代，人们处于信息无处不在的时代，企业的生产经营等活动处于信息技术环境中，现代信息技术改变了其内部控制的内容、形式和手段。尽管信息技术给企业带来了和信息、信息系统有关的风险，但由于内部控制规则已经嵌入信息系统中，所以企业在执行信息系统时会自觉履行内部控制规则，使内部控制变得方便、可靠、有效和高效。

通过信息化和工业化两化深度融合，信息化程度和管理水平对企业内部控制体系构建的影响是显而易见的。企业信息化程度越高，信息系统嵌入的内部控制规则越充分，构建内部控制体系程度、级别和阶段越高；企业信息化程度比较低，信息系统嵌入的内部控制规则不充分，构建程度、级别和阶段较高的内部控制体系，不仅达不到预期的效果而且也不符合成本效益原则。企业的管理水平、技术基础越高，员工执行内部控制规则的积极性和效率越高，越容易构建程度、级别和阶段较高的内部控制体系；反之则相反。

（二）企业构建内部控制体系的误区和原因分析

内部控制活动由来已久，在我国企业构建内部控制体系过程中，不少企业借助内部控制体系的构建和实施，有效防范各种风险，提高了企业管理水平，增强了市场竞争力，从内部控制体系构建中获得了巨大的经济效益、提升了企业价值。但是也有部分企业由于缺少对内部控制体系内涵、本质的理解和把握，在内部控制体系构建过程中作出一些错误决策，使构建的内部控制体系达不到预期的效果，给企业造成巨大经济损失。通过广泛调研和自己指导企业构建内部控制体系的经验，发现许多企业在内部控制体系构建阶段存在很多误区，导致在内部控制体系构建阶段就埋下了日后实施失效的种子，这些误区主要有：

1. 扩大内部控制体系作用，盲目求全求细

部分企业片面认为，一旦构建和实施内部控制体系会立即给企业管理带来革命性的变化。这些企业在内部控制体系构建开始就试图“一步到位”，耗用巨资委托顶级的专业机构构建全面、系统、细致的内部控制体系，而且尽可能覆盖企业的所有业务和流程。这样极易出现的问题是，一方面，内部控制系统质量严重过剩，不符合成本效益原则；另一方面，在内部控制体系实施过程中，企业的项目实际实施部门和推动部门经常出现严重的分歧、讨论和争吵，构建的内部控制体系在执行阶段遭遇到极大的挑战和阻力。由于多数企业员工缺乏足够的心理准备和相关技能来应对突如其来的管理变革和全新的工作方式，导致内部控制体系实施小组和业务部门每日争论不休。虽然有少数企业能够坚持实施最后获得部分成功，但是大部分的企业最终还是用内部控制的术语来模拟“原先的操作”，甚至上千万的内部控制体系投资成了手册、流程图和文档等摆设。

2. 忽视内部控制体系作用，盲目分散缺乏规划

与那些投入巨资构建内部控制体系的企业相反，另一些企业则不太重视内部控制体系在企业管理中的应用，简单认为内部控制体系构建仅仅是五部委的合规性要求。他们通常没有设立内部控制体系主管部门，甚至没有一位公司级、厂级领导专门负责内部控制体系的构建，因而缺乏总体的、长期的内部控制体系规划。出于应付规范体系合规合法性的强制要求，一些如采购、生产、销售和财务等业务部门各自构建应用于自己部门、自己单位的内部控制体系，走盲目、分散构建之路，最终内部控制信息孤立存在于企业内部不同部门，给最后的信息集成造成不可逾越的困难。

3. 割裂内部控制和管理制度的关系，内部控制难以融入企业管理

内部控制体系和管理制度应该是融为一体的，有的企业把内部控制体系和管理制度割

裂开来，片面认为内部控制体系和管理制度是完全不同的两个方面。在设计和实施内部控制体系时，强调内部控制体系的设计和实施，忽略对其他管理制度的梳理、风险点的选择、风险应对措施的制定和优化。这会严重影响内部控制系统的设计和实施效果，因为企业在实施内部控制体系时会发生和其他管理制度相悖或者不一致的地方，每每如此，实施者会手足无措陷于迷茫。

从企业构建内部控制体系的误区来看，造成内部控制体系构建失误的主要原因有两点：第一，对内部控制体系的实质内涵和不同构建阶段的特征缺乏了解；第二，误解内部控制和企业管理的关系。基于此，以下内容首先诠释内部控制体系的发展阶段以及不同阶段的内部控制体系特征、目标及对信息系统和企业管理的要求；然后设计一套过程导向的分析体系，帮助企业构建符合企业管理现状、技术基础的内部控制体系。

（三）内部控制体系构建的三个阶段

内部控制发展轨迹表明，企业的管理基础、技术基础决定了企业适合构建内部控制体系的阶段。当内部控制体系符合企业的管理基础和技术基础时，它就能够合理保证企业内部控制的相关目标，并将企业的各种风险控制在企业可以忍受的范围内，从而提升企业价值；反之，不仅不符合成本效益原则，而且会制约内部控制体系作用的发挥，甚至导致内部控制体系失效。

内部控制体系的构建是一个螺旋式上升的过程，企业不可能构建一种满足现在和将来所有环境的、一成不变的内部控制体系。内部控制实践的多姿多彩、企业管理理论的快速发展以及现代信息技术的日新月异推动着企业内部控制体系模式、结构和功能的演变。企业构建内部控制体系可以分为内部控制体系合法合规型、内部控制规则嵌入流程型以及内部控制和管理制度完全融为一体型三个阶段。

1. 内部控制体系合法合规型

（1）特征和体系目标

合法合规是企业构建内部控制体系最基本的目标，该阶段的内部控制体系的特征是：企业正处于生命周期的导入期，企业规模相对较小，管理基础薄弱。从会计角度讲，凭证填制、审核，期末的记账、结账等程序除个别部分依靠利用计算机实现业务的自动化和半自动化外更多依赖员工的手工劳动，会计政策选择、会计估计变更等完全依赖人工的职业判断，工资核算、折旧的计提等重复性的劳动仍然是烦琐、机械、重复的。信息处理的强度大，准确性差，及时性、可靠性有待于进一步提高。

该阶段内部控制体系的目标是：企业构建的内部控制体系符合规范体系的最低要求。

（2）对信息系统的要求

企业的信息系统处于面向事务处理的阶段，采购、生产、销售等子系统是一个个独立的系统，相互之间不发生联系，存在相互独立的“信息孤岛”。比如会计信息系统的功能主要是记账、报表、工资和固定资产核算等，主要目标是将员工从机械重复的工作中解脱出来，通过自动化和半自动化的计算机系统提高业务处理的效率和准确性。此种信息系统对业务数据只能进行事后分析，可以向个别的部门提供有限的管理信息。

（3）对企业管理的要求

由于采购、生产、销售、仓储等内部控制模块都在各自部门内部构建，模块之间因存在“信息孤岛”，数据老死不相往来。所以合法合规型内部控制体系要求采购、生产、销售、仓储等部门业务流程和管理流程自动化，部门内部基础数据要统一规范。

2. 内部控制规则嵌入流程型

（1）特征和体系目标

内部控制规则嵌入流程型是内部控制体系的第二个阶段，该阶段的特征是：随着企业生命周期从导入期过渡到成长期，企业规模进一步扩大、竞争环境发生变化，企业不仅面临着管理水平迅速提高的迫切要求，同时面临着无处不在的政治风险、操作风险、经营风险和财务风险，企业对内部控制的内容、手段和方式提出了更高的要求。同时随着信息技术的快速发展和大规模联网，财务系统与供应、生产、销售等系统的全面集成为内部控制规则嵌入业务流程提供了技术条件，随着先进的管理思想如 JIT、MRP 等的出现，企业进行业务流程重组，对关键业务流程和管理流程重新梳理，将内部控制规则嵌入信息系统中。

该阶段内部控制体系的目标是：企业构建的内部控制体系满足规范体系的合法合规性已经不是最终目标，此时随着计算机技术的发展内部控制规则嵌入业务流程，企业在执行企业的业务流程时，就自动执行了内部控制规则。

（2）对信息系统的要求

企业的信息系统处于面向系统的阶段，因为系统高度集成使会计信息系统成为 MIS（管理信息系统）的一个子系统。信息系统实现业务活动、管理活动和信息活动的“三流合一”，采购/付款、转换以及销售/收款等业务活动发生时，信息系统通过计划、执行、控制、评价等管理活动自动记录、维护、报告业务活动发生的信息。信息化的业务活动、管理活动嵌入了内部控制的规则，使业务系统的数据能够实时传递到会计信息系统中的同时提高了内部控制的工作效率和有效性。

（3）对企业管理的要求

在内部控制规则嵌入流程型阶段，由于业务活动、管理活动和信息活动的“三流合一”，企业采购、生产、销售、回收等业务环节中固定资产、人力资源、供销存等模块中的数据会自动传递到总账模块，系统之间的数据报告取代了部门之间的凭证传递，这就要求企业内部不同部门的基础数据必须统一。另外，由于部门之间的协调工作也在信息系统中完成，这要求部门之间的协调工作要实现规范化、程序化、制度化，并嵌入信息系统如“有借必有贷、借贷必相等”“资产=负债+所有者权益”等各种规则中。只有部门内部基础数据统一，部门之间协调工作规范化才能保证内部控制体系构建后的有效实施。

3. 内部控制和管理制度完全融为一体型

（1）特征和体系目标

内部控制和管理制度完全融为一体是内部控制体系构建的最高阶段，该阶段的特征是：随着企业由成长期进入成熟期，同业竞争日趋激烈，同时随着企业生产、经营业务的自动化管理，企业的供应链向外扩展。内部控制信息的产生、维护和报告已完全信息化，此时企业不仅存在传统意义上的政治风险、操作风险、经营风险、财务风险等，还会存在与信息和信息技术相关的信息风险，企业风险无处不在，对内部控制体系提出了新的要求。内部控制和管理制度完全融为一体，企业在执行管理制度的同时就保证了内部控制规则的履行。

因为内部控制和管理制度完全融为一体，所以这个阶段的内部控制的目标就是企业管理制度的目标。

（2）对信息系统的要求

企业的信息系统处于OD（面向决策）的阶段，信息系统采用了全新的体系结构、运用了最新的信息技术。信息系统覆盖企业所有业务流程和环节，存储各视角数据，同时支持多种输出设备、输出内容和输出方式需要。信息系统可以直接记录、存储和维护时间、地点、人物、资源、风险等业务事件的属性。因为这些属性数据对使用部门是“透明”的，信息系统可以支持多种视角和层次、不同过程的信息需求。

另外，数据仓库技术、联机分析处理（OLAP）、数据挖掘技术等大大加强了信息系统的信息支持和企业决策能力。

简言之，本阶段信息系统注重的是如何提供对外扩展相关信息，为企业战略决策服务。

（3）对企业管理的要求

内部控制和管理制度完全融为一体型阶段，内部控制体系对企业管理的要求转变为在业务、流程自动化基础上内部控制体系如何和信息系统深度融合提升企业价值。此时，内部控制规则、管理制度已经完全嵌入高度自动化的业务处理过程。数据仓库（DW）、联机分析处理（OLAP）和数据挖掘（DM）等新技术为内部控制有关部门人员提供有价值的内部控制信息，使有关决策更加完善、有效和高效。同时，新技术的广泛应用对内部控制各级管理人员提出了更加苛刻的要求。首先，各级管理人员必须不走样地执行企业的各种管理制度、内部控制规则和相关要求；其次，要求企业的各级管理人员必须切实了解掌握相关业务流程、管理流程和信息流程，明确内部控制体系在企业整个管理体系中的地位和作用；最后，企业的各级管理人员应该理解、掌握计算机技术和各种分析工具的运用，能够发挥计算机的高准确性、实时、高效等优势，用信息系统输出的信息来实现反应和决策职能。

以上内部控制体系阶段的划分是根据企业所处的生命周期、企业规模、管理水平、技术基础的企业对内部控制体系的要求进行的。企业最重要的是从自身管理水平和技术水平出发，做好内部控制体系构建的系统、长期规划，为以后内部控制体系顺利向更高阶段发展做好铺垫，打好基础。

（四）建立内部控制体系分阶段的可行性分析标准

企业应该对自身的管理基础、技术基础、信息化程度等进行评估，以构建恰当的内部控制体系。过程导向有利于企业决策层侧重在分析评价的过程中充分认识构建内部控制体系的困难和面临的各种风险，以便对构建内部控制体系做好相关的充分准备。

该分析体系由影响企业内部控制体系构建的企业内部、外部因素组成。企业内部因素包括企业内部管理制度和业务流程、员工素质以及内部控制体系构建现状和预算等；外部因素包括企业的生存环境等。

在两化深度融合条件下，企业内部管理制度和业务流程是内部控制规则的载体，内部管理制度是否健全、完整、有效，业务流程能否得到严格、有效执行直接决定了内部控制体系构建的成效；企业员工是内部控制体系构建的主体，他们的素质直接影响到内部控制体系构建的质量和速度；内部控制体系构建现状是企业内部控制体系当前的状态，说明企业内部控制体系目前处于什么发展阶段；企业生存环境，既包括政治法律、经济环境、社会文化和技术环境等方面，又包括供应方、同业竞争者、潜在进入者、购买方和替代品五种力量。

内部控制体系的构建是一项技术复杂、耗资不菲的系统工程，企业只有按照内部控制体系的构建规律，根据企业的技术基础和管理基础选择相应阶段的内部控制体系，才能实现内部控制的目标。内部控制体系分为合法合规型、规则嵌入流程型以及内部控制和管理制度完全融为一体型等三个阶段，每一阶段都有各自的特征和目标、对信息系统以及对企业管理的要求。为了帮助企业选择内部控制体系，这里建立了一套过程导向的可行性分析体系，为企业构建内部控制体系决策提供了选择依据。该分析体系由企业内部和企业外部影响因素组成。企业内部影响因素包括内部管理制度和业务流程、员工素质、内部控制体系构建现状和预算等；企业外部影响因素包括企业生存环境等。

第四节　内部控制设计的流程

内部控制设计的流程用以指导内部控制设计者有序、有效地完成内部控制设计的每一个环节和步骤。规范化的内部控制设计流程应当包括内部控制设计的规划阶段、内部控制设计的实施阶段和内部控制的试运行及完善阶段，并按照以下程序进行。

一、内部控制设计的规划阶段

（一）界定内部控制设计的需求

这是对内部控制设计目标的界定。一般来讲，企业的内部控制设计需求包括：

（1）设计或完善企业的整个内部控制体系；

（2）分析和控制企业的风险；

（3）改进企业的商业流程或企业的绩效。

（二）评价内部控制环境

控制环境是内部控制的基础，它设定了企业管理的基调和特色，影响着员工的控制意识，是其他控制要素的基础，同时也为其他要素提供了约束和控制结构。对企业控制环境的评价，注册会计师应当主要对以下问题进行判断：

（1）是否存在总裁独裁；

（2）是否是行政化或家族化管理组织；

（3）法人治理机制是否规范；

（4）内部审计的权威性程度；

（5）管理模式是否成熟；

（6）是否存在管理人员的违规；

（7）是否存在越权接触实物、现金和重要凭证；

（8）是否存在企业文化危机等。

（三）评估内部控制

1. 调查内部控制现状

询问有关内部控制的情况，查阅有关内部控制的管理制度、文件和以前年度有关内部控制评价的档案。

2. 评价内部控制健全程度

将内部控制的现状与内部控制标准进行对比，确定内部控制的缺陷和潜在风险，并进一步评价内部控制的健全程度。

3. 评估内部控制成本

在对企业现行内部控制体系进行了解和评价后，注册会计师应当初步评估达到预期目标将要发生的控制成本，从而决定内部控制设计阶段将要采取的控制措施。

（四）制订内部控制设计实施计划

经过对内部控制设计需求的界定，确定了内部控制设计的目标，以及评估了内部控制环境和内部控制评估成本后，应当制订内部控制设计实施计划，包括人员、时间及具体设计活动安排等。

二、内部控制设计的实施阶段

（一）设计公司层面的内部控制

公司层面内部控制的设计应当包括：

（1）公司治理机制；

（2）公司目标设定、风险分析及目标实施策略；

（3）公司组织机构与权责分派机制；

（4）公司预算与业绩考评机制；

（5）对公司下属部门及附属公司的管理控制；

（6）内部控制的检查监督机制；

（7）信息系统管理控制制度。

（二）设计业务活动环节的内部控制

对各业务活动环节内部控制的设计应当包括业务活动控制的目标、控制的方式和业务控制流程几个方面。企业所处行业不同，业务活动的性质也有很大的差异。以传统的工商业为例，业务活动环节的内部控制主要包括：

（1）销售与收款环节内部控制；

（2）采购与付款环节内部控制；

（3）生产环节内部控制；

（4）固定资产管理环节内部控制；

（5）货币资金管理环节内部控制；

（6）融资与担保环节内部控制；

（7）投资环节内部控制；

（8）关联交易环节内部控制；

（9）研发环节内部控制；

（10）人事管理环节内部控制。

需要注意的是，内部控制设计阶段初步完成后，应当进行内部控制的试运行，从而对内部控制系统合理性和有效性进行评价，并进行必要的完善，最后内部控制进行实际的运行。

三、内部控制的试运行及完善阶段

内部控制设计阶段初步完成后，应当进行内部控制的试运行，从而对内部控制系统的合理性和有效性进行评价，并进行必要的完善，最后内部控制系统才能进行实际的运行。

第五节　企业风险识别方法体系

为使企业在整个企业不同职能部门、不同层次全方位的运作有效，管理层必须制定一套通用的风险语言的定义，这样才有助于企业所有风险管理者的相互了解和沟通。因为信息的有效沟通往往是风险管理成效大小的关键，而缺乏通用的沟通语言则无法对商业风险进行有效理解。

一、企业风险管理的概念

企业的风险管理的本质含义是考虑了企业所有的风险因素和所有业务部门及其关于企业整体的风险管理，是相对于传统的单风险因素或单业务部门的风险管理而言的。其核心是用系统的、动态的方法进行风险管理，以控制项目过程中的不确定性。它不仅使各层次的项目建立风险意识，重视风险问题，防患于未然，而且在各个阶段、各个方面实施有效的风险控制，是一个前后连贯的管理过程。归纳起来，企业的全面风险管理具有四个方面的显著特征：

（1）全面的风险管理范围；

（2）全球的风险管理体系；

（3）全程的风险管理过程；

（4）全员的风险管理文化。

企业风险管理指企业围绕总体经营目标，通过在企业管理的各个环节和经营过程中执行风险管理的基本流程，培育良好的风险管理文化，建立健全风险管理体系，包括风险管理策略、风险理财措施、风险管理的组织职能体系、风险管理信息系统和内部控制系统，从而为实现风险管理的总体目标提供合理保证的过程和方法。

本书提出的风险管理，是对上述理论的继承和发展，是对上述理论进行综合与抽象之后产生的新的适用于企业层面的风险管理理论。

第一，强调过程导向和环境依赖，对风险进行全过程的管理，对组织的生存环境进行分析和监控从薄弱环节入手，提高组织的柔性（资源柔性、制度柔性、文化柔性、反应柔性等），促使组织中的个人思考，增强组织对外部变化的灵敏性和正确反应的快速性和敏捷性。

第二，对系统的组织结构进行分析，分析的中心是该系统本身及内涵于结构内部的缺陷，以确定该系统对于正常事件的敏感度。

第三，概率分析，针对风险评估过程，其中要对各种事件和情况发生的概率进行假设或估计；同时要对主观概率和客观概率之间的区别加以阐明，对所有的概率值要加以核对，以保证相互之间的一致性。这里偏好和价格能够发挥一定程度的限制作用，故可以利用其更准确地估计概率。

第四，企业全面风险管理体系自身也存在不确定性，对于体系的实施也不是从一而终的，而是随着企业所面临的外部环境以及内部环境的不断变迁而不断地自我修订、自我完善的过程。

这样的体系可以应用到个人和复杂组织的风险决策过程，使得个人和组织能够系统、成功地管理它们各自的风险，从而实现企业所期望的目标：组织目标和社会利益的优化。

二、企业风险管理体系框架的构建

内部控制指围绕企业的风险管理策略目标，针对企业各项业务管理及其重要业务流程，通过执行风险管理基本流程，制定并执行的规章制度、程序和措施。它集中体现为制定并执行的规章制度、程序和措施。通过这个过程，蕴含的是内部控制的机制和思想。

风险评估体系可以细分为风险事件、风险识别、风险评估和风险反应四部分。风险事件是指查找企业各业务单元、各项重要经营活动及其重要业务流程中可能存在哪些风险。风险识别是对辨识出的风险及其特征进行定性描述和辨别，亦即分析和描述风险发生可能性的高低、风险发生的条件。风险评估是评估风险对企业实现目标的影响程度、风险的价值等。风险反应是指评价了相关风险以后，管理层考虑成本效益关系，根据企业期望的风险承受度，选择一个可带来预期可能性和影响的应对措施。

内部环境包含一个组织的基调，影响员工的风险意识，同时还是企业风险管理其他部分的基础，提供信息、纪律和结构。内部环境主要是指企业内部生成以及外部事件、活动和条件的数据信息，企业的风险偏好和风险文化，董事会的监管；企业员工的诚信、道德观和能力；管理哲学和经营风格，以及管理部门分配权力和职责、组织和引导员工的方式等。具体包括：

（1）内部环境。风险管理原理、风险文化、董事会、操守和价值观、对胜任能力的承诺、管理方法和经营模式、风险偏好、组织机构、职责和权限的分配、人力资源政策。

（2）目标设定。战略目标、相关目标、风险容忍程度。

（3）信息与沟通。信息系统、信息传送渠道、制度。

相对应的外部环境风险指由外部因素引起的可能导致企业产生重大损失或使企业战略目标难以实现的风险，如资本的可获得性、竞争对方的行动及监管条例的变化等。外部环境的变化对企业的影响一方面是直接应用于企业的战略；另一方面是通过对企业风险管理体系的内部环境产生影响进而给系统的要素带来改变，故而在体系中没有明确地加以列出。

虽然在理论上这里将企业风险管理体系分为三个部分的技术问题加以解决，但是在实际应用过程中三个方面的理论和应用是互相关联、紧密联合在一起的，三个部分互相包容，共同构成了企业全面风险管理体系。

三、企业风险识别的步骤

辨识风险的过程包括对所有可能的风险事件来源和结果进行实事求是调查、访问和对案例进行研究，识别战略风险必须系统、持续、严格分类并恰如其分地评价其严重程度。战略层面风险及对策分析程序。风险管理部门（COSO）内部控制框架和风险管理（ERM）框架的要求，参照《萨班斯法案》（SOX 法案）实施细则，制定本公司的工作流程，组织公司层面风险数据库的编制与确认，主要程序如下：

（1）确立公司总体目标，公司内部控制部根据公司制定的战略目标、与战略目标相关的中长期发展规划确立公司总体目标。

（2）收集公司及同行业其他公司在资本市场披露的公司风险情况，公司风险管理部门和相关部门将公司及同行业的其他公司最近年度在资本市场上披露的相关风险进行收集、整理、归纳和分析，找出公司与同行业其他公司披露的风险的共同点和差异点，作为识别公司层面风险的参考资料。

（3）识别确认风险，公司风险管理部门和相关部门管理人员参考公司和同行业其他公司披露的风险，采取分组讨论、对部门负责人进行访谈等方式，逐项识别公司内、外部影响公司战略目标实现、影响公司整体发展和公司声誉等方面的负面因素，完成公司战略层面风险的识别和确认。

（4）风险分析，公司风险管理部门组织具有经验的风险管理人员和相关管理人员，结合国内外政治因素的变化情况、市场价格变化趋势、技术发展趋势、自然灾害发生规律、竞争环境变化情况、信息系统运转现状等实际情况，分析确定相关风险发生的可能性、影响程度、重要性水平、相关财务报表认定、相关的重要会计科目和披露事项。

（5）确定风险反应，描述相关对策。

（6）记录公司层面风险，形成“公司层面风险及对策指引表”，报送相关部门审核并确认后，送交风险管理部门审议通过后发布实施。

四、企业风险识别的方法

风险是客观存在的事实，所承受风险的大小与面对风险的客观主体是密切相关的。企业在市场经济活动中所面对各种风险的大小，是由企业所决定的，有的企业获取信息的能力很强，企业管理人员在对市场信息的分析过程中能做到去伪存真，从而减少因为信息不对称所带来的种种风险。所以企业所掌握信息的数量以及企业领导人的分析判断能力在企业识别风险的过程中起着至关重要的作用。但是，仅仅依靠这些是不够的，最重要的是要构建一种风险识别预警机制，由专门的工作人员做信息收集和风险分析工作，这样才能形成一套系统的、行之有效的风险识别体系，只有这样的体系才能为企业的健康发展保驾护航。风险识别方法很多，但并不是每一种都适用于企业，特别是一些比较专业的识别方法，对使用人员的相关知识要求很高。企业管理中常用的风险识别方法主要有以下几种：财务报表分析法、事件清单法、访谈法、流程图法、专家调查法和风险临界法等。

（一）财务报表分析法

财务报表分析法是以企业的资产负债表、损益表、现金流量表、所有者权益变动表和财务报表附注等资料为依据，反映企业运营状况的各种财务指标等财务数据的变化进行逐年对比分析，以便从财务的角度发现企业面临的潜在风险。财务报表是综合反映企业财务状况和经营成果的一张“晴雨表”，企业所有的经营信息都体现于其中。因此，加强对财务报表的分析力度有助于发现企业在经营管理过程中存在的缺陷，从而为相关工作人员发现风险提供相关的线索。

财务报表分析的主要内容包括：

1. 资本结构与资金分布分析

企业就像生命一样，它需要“资金”这种血液来进行正常的带动，以供应整个企业系统的运转。因此，企业所需资金的分布不合理势必严重影响着企业的健康发展。对于企业来说，应该保证资金有合理的来源，还要保证资金在企业的生产运转中进行通畅的循环。所以，企业应该预留一定数量的资金，用以防止企业大量资金停滞在生产销售环节而出现资金断流的情况。这种情况在企业扩张的过程中是非常常见的，一旦发生这种情况就会导致整个企业资金链的断裂，资金循环出现问题，风险也就出现了。

2. 财务报表趋势分析

趋势分析是对企业连续若干年的资产负债表和利润表的各个项目进行比较分析，得出相关项目金额的增减变动方向以及变动幅度，通过趋势分析来判定企业当前的实际财务状况。例如，通过资产负债表和利润表比较分析，发现企业的存货数量是逐年上升，在资产中所占的比重也越来越大，但是每年的营业收入水平却保持稳定，这就说明企业的产品销售出现了问题，这时企业管理人员就得注意存货出现堆积的原因是什么，是企业的生产销售环节出现了脱节还是企业扩张导致的。如果在比较历年的资产负债表后发现，企业每年的负债是节节攀升，而企业的偿债能力却没有增加，这就意味着企业可能陷入债台高筑的境地，这时企业为了进一步地生存下去，不得不加大借款力度，最终陷入债务纠纷甚至破产清算。这些都是企业在经营过程中很容易出现的风险，只要对报表中相关数据的变化趋势加以简单分析即可得出。但是，对于一些比较深层次的问题，则需要通过其他的手段来对报表进行分析，最常用的就是对企业的各种经营指标进行分析，通过各种比率来反映企业的营运状况。

3. 财务报表的比率分析

比率分析就是将财务报表之间的若干个项目进行比较，以得出能反映企业经营状况的各种比率。常用的比率有：资产利润率——反映企业资金的获利能力；资产负债率——企业偿还债务的能力；存货周转率——反映存货每年的周转次数；等等。还有流动比率和速动比率，它们都是反映经营状况常用的指标。对于每个指标来说，每个行业都会存在本行业的平均值，这个平均值代表了企业的平均水平，因此企业可以将自身的指标与行业的平均指标甚至该指标的最大值进行对比，以此来发现差距。如果与平均值差距太大，且是处于同行业最低水平，那么企业就应该注意，这一现象的产生是什么原因，企业在历史同期是否都会出现这种情况，还是突然出现这个现象。如果这种情形以前没出现过，那就得注意企业在这一方面是否存在风险。

总之，财务报表就是一张企业生产经营活动的汇总表，财务人员通过分析可以发现很多的有用信息，甚至可以看出潜在的风险和损失。但是，这种方式也有它的局限性，因为它是依靠数据说明问题，所以很多以非货币性形式存在的问题就无法通过财务报表反映出来，如员工素质、企业制度、管理人员的管理风格等，这时候就需要参考企业财务报表附注来进行判断。报表附注可以对一些问题出现的原因进行阐述，但是也不可能全部说明情况，因此，在使用这种方式识别企业风险时还要注意结合其他方式方法，以做到取长补短。

（二）事件清单法

事件清单法又称标准调查法，这种调查法中涉及的事件对于同一行业的不同企业来说都有意义，制作这种事件清单的根据是同行业企业在某一事件上所具有的可比性，以软件行业为例，企业每年的研发资金、员工整体素质、整个企业的人员流动率等都可以作为调查对象。

（三）访谈法

访谈法是指工作分析人员通过与员工进行面对面的交流，加深对员工工作的了解以获取工作信息的一种工作分析方法。其具体做法包括个人访谈、同种工作员工的群体访谈和主管人员访谈。在企业风险管理中运用这个方法时，主要是由管理人员通过制订详细的访谈计划，对相关部门熟悉业务流程、有经验的管理人员进行访谈，了解和讨论存在的风险，并形成访谈记录。

这种方法的优点是：

（1）获取的信息更加深入、全面和详细，行为具有很强的针对性；

（2）可以深入受访者的内心，了解他们的心理活动和思想观念；

（3）深入地了解风险的发生背景和影响风险的广泛决定因素；

（4）访谈人员有更多机会分享和了解应答者对于潜在风险点的看法，以及他们对公司运行情况的宏观认识和意见。

（四）流程图法

流程图法是指将企业生产经营管理的某一过程进行细化，通过建立一份流程图，使得该过程中的每个关键控制点都在流程图中得到体现。在进行风险识别分析时，管理人员只要将企业的实际操作方法与每一个环节逐一对照，一经分析就可发现潜在的风险和问题。对于出现的问题，只要在流程图中一对照，即可发现问题的根源所在。这种方法在内部审计中是非常实用的一种方法，在企业的经营管理中发挥着巨大的效应。

（五）专家调查法

专家调查法是指通过引用专家的专业知识和工作经验、发挥他们的专业特长来识别可能出现的风险及其风险的大小。这种方法在企业管理中是非常普遍的一种做法，具有很强的针对性。专家调查法具有多种形式，如集合意见法、德尔菲法等都属于专家意见法。通常来说，运用这种方法的步骤有：

（1）选择目标项目，选聘相关领域的专家。

（2）专家对目标项目进行专门的风险分析。

（3）回收专家意见并整理分析结果，再将结果反馈给专家。

（4）综合专家的再次反馈，对有异议的部分进行再次分析，直到对分析结果满意为止。实践证明，专家调查法是一种很科学的方法，它在实际生产生活中的应用取得了良好效果。但是，必须慎重选择专家，不要迷信权威，并及时提出疑问，这样才能得出客观正确的结果。

（六）风险临界法

风险临界法在企业风险管理中的应用非常广泛，也是企业常用的一种风险识别方法，同时还可以根据识别结果来判断当前风险的大小。它的原理是将当前的事件与预先设定的标准进行对比，当风险达到临界值时就引起管理人员的关注。企业可以根据不同的标准值采取不同的风险应对策略，尽量提高风险管理效率和降低风险管理成本。

第七章　企业货币资金的内部控制

第一节　内部会计控制概述

一、内部会计控制的概念和目标

（一）内部会计控制的概念和分类

1. 内部会计控制的概论

内部控制作为一项重要的管理职能和市场经济的基础工作，是随着经济和企业的发展而不断发展的动态系统。内部控制包括内部会计控制和内部管理控制两个子系统。而内部会计控制是一项十分重要的管理手段。它通过一系列制度的制定、工作组织的规划、程序的编排以及采取恰当的措施，来保证会计主体的财产不受损失和有效使用，保证会计数据的完整可靠，保证国家财经政策和内部管理制度的贯彻执行，作为内部控制的核心——会计控制尤为重要。

会计控制由“会计”与“控制”两个词复合而成。会计是经济管理的重要组成部分，它是通过收集、处理和利用经济信息，对经济活动进行组织、控制、调节和指导，促使人们权衡利弊、比较得失、讲求经济效果的一种管理活动。经济的发展和经济活动的复杂，要求会计不断地强化其对客观经济活动的调节、指导、约束和促进，也就是所说的会计控制职能。控制是现代会计的一项基本职能，这已成为人们的共识，也是人们对会计认识由现象到本质逐渐深入的必然结果。会计控制是会计管理活动论的必然结果，也是会计管理活动论的重要内容。

根据上述控制的含义，将“会计”与“控制”两者结合起来，可将会计控制理解为：会计管理部门为使会计主体的资金运动达到既定目标而对约束条件所采取的一系列有组织的活动。它包括预测、决策，制定利润和成本目标，进行费用和资金预算及分解，组织实施、考核等环节。

2. 内部会计控制的分类

根据控制主体的不同，会计控制可划分外部会计控制和内部会计控制。外部会计控制是指企业外部单位如国家、有关部门、中介组织等在被授权或者受托的情况下，对单位的会计工作和会计资料及其所体现的经济活动进行审查监督系统；而内部会计控制是指单位为提高会计信息质量、保护资产安全、完整，确保有关法律、法规和规章制度的贯彻执行而制定实施的一系列控制方法、措施和程序。内部会计控制不仅包括狭义的会计控制，还包括资产控制和为保护财产安全而实施的内部牵制。内部会计控制一般可以分为以下三种控制，即基础控制、纪律控制和实物控制。

（1）基础控制

基础控制是通过基本的会计活动和会计程序来保证完整、准确地记录一切合法的经济业务，及时发现处理过程和记录中出现的错误。基础控制是确保会计控制目标实现的首要条件，是其他会计控制的基础，主要包括凭证控制、账簿控制、报表控制、核对控制四个方面的内容。

（2）纪律控制

纪律控制就是为保证基础控制能充分发挥作用而进行的控制，它主要包括内部牵制和内部稽核。内部牵制是一种以事务分管为核心的自检系统，通过职责分工和业务程序的适当安排，使各项业务内容能自动被其他作业人员核对查证，从而达到相互制约、相互监督的作用。它主要通过两种方式实现：从纵向看，每项经济业务的处理都要经过上、下级有关人员之手，从而使下级受上级监督，上级受下级制约；从横向看，每项经济业务的处理至少要经过彼此不相隶属的两个部门的处理，从而使每个部门的工作或记录受另一个部门的牵制。内部牵制的核心是不相容职务的分离，所谓不相容职务，是指集中于一个人办理时，发生错误或舞弊的可能性就会增加的两项或几项职务。从广义上讲，内部稽核包括由单位专设的内部审计机构进行的内部审计和由会计主管及会计人员进行的内部审核。内部审计是企业内部一种独立的审核工作，以检查会计、财务及其他业务作为对管理当局提供服务的基础。它是一种管理控制工作，其功能在于衡量与评定其他控制工作的效率。与内部审计不同，内部审核则是由会计主管及会计人员事前或事后，定期或不定期地检查有关会计记录，进行相互核对，确保会计记录正确无误的一种内控制度。此外，内部审计与内部稽核的不同之处还在于，前者依据审计的有关法规进行，是内控制度的重要组成部分，是全面审查内控制度的专门组织；而后者主要依据会计法规进行，是会计控制制度的重要内容。除了内部牵制和内部稽核外，纪律控制的内容还包括来自企业领导，其他横向职能部门及广大职工的内部监督。

（3）实物控制

实物控制是指为了保护企业实物资产的安全完整所进行的控制。一般包括以下几个方面的内容：①建立严格的入库、出库手续。②建立安全、科学的保管制度。其中，安全保管要求在选择库址、仓库设施、安全保卫方面都要有相应的制度；科学保管要求对财产物资分门别类地存放在指定仓库，并且在必要时应进行科学的编号，以便于发料、盘点。③财产物资要实行永续盘存制，随时在账上反映出结存数额。④建立完善的财产清查制度，妥善处理清查中发现的问题。⑤建立健全档案保管制度等。

基础控制、纪律控制、实物控制是相互联系、不可分割的，对任何一方面的疏忽都会影响其他控制作用的有效发挥。总体来说，基础控制侧重于保证会计信息的质量，实物控制侧重于保护财产物资的安全完整，而纪律控制则是前两者得以最终实现的保障。

（二）内部会计控制的目标

目标是指人们在从事某项活动时预期所要达到的境地或结果。任何管理行为都是有目的的行为，内部会计控制作为一项管理活动也不例外。内部会计控制的目标是指内部控制对象应达到的目的或欲达到的效果。内部会计控制应当达到以下目标：

（1）规范单位会计行为，保证会计资料真实、完整。

（2）堵塞漏洞，消除隐患，防止并及时发现、纠正错误及舞弊行为，保护单位资产的安全和完整。

（3）确保国家有关法律、法规和单位内部规章制度的贯彻执行。

这些目标从内部控制角度体现了不同利害关系人的利益要求，但随着公司制度的确立及发展，研究内部会计控制的目标仅仅从这三个方面来考虑是不完善的。在现代企业制度中，股东（所有者）与管理当局（经营者）之间存在着利益不一致、信息不对称、契约不完备的“三不”问题，会计作为一个信息系统在现代公司治理机构中扮演着信息提供者的重要角色，必然成为所有者干预和控制经营者的手段之一。但由于存在着“内部人控制”，会计信息的生成在很大程度上由管理当局把持，他们可能出于自身利益的考虑编制虚假的信息来欺骗所有者。

因此，在现代公司治理结构下，内部会计控制的职责就是要协调所有者和经营者之间的利益和矛盾，找到两者的平衡点，其根本目标应该是加强企业内部经营管理，提高企业经营效率，实现企业价值最大化。企业经济效益的提高和价值最大化的实现既是所有者控制经营者的目的之一，也是经营者切实履行受托经济责任的目标。在现代公司治理结构下，按照这一根本目标构建的内部会计控制才能真正发挥作用。

二、内部会计控制的原则、内容和方法

（一）内部会计控制的原则

内部会计控制的原则是指企业建立和设计会计控制系统并且实施时，应当遵循并依据的客观规律和基本法则。内部会计控制原则的制定必须以会计控制的目标为依据，并要有助于目标的实现；同时，原则的制定要有助于切实指导会计控制的方法，成为会计控制系统顺利运行、控制工作顺利开展的保障。从会计控制在现代公司治理结构和企业内部管理中的地位来分析，会计控制应当遵循以下几条原则：

1. 合法性原则

内部会计控制的设计和实施应当符合国家有关法律、法规的规定和单位内部实际情况。

2. 广泛约束性原则

广泛约束性是指内部会计控制制度对单位内部每一名成员都有效，都必须无条件地被遵守，任何人都无权游离于它之外、凌驾于它之上。单位内部会计控制制度作为单位内部的规章制度，一旦制定实施，上至单位负责人，下至普通职工，都必须人人遵守。单位管理层尤其是单位负责人必须带好头，以身作则，大力宣传，形成一个良好的氛围，以实际行动充分调动各个部门和每名员工的主动性和积极性，真正做到人人、事事、时时都能遵循内部会计控制制度。否则，内部会计控制制度即使制定得再合法、再完美，也只是一纸空文，发挥不了内部会计控制的作用。

3. 全面性原则

会计控制是对企业内部一切与会计相关活动的全面考核控制，并非对会计工作质量的局部性控制，因此不能“就会计论会计”，否则就会影响会计管理职能的发挥。因此，在设计会计控制系统时应以会计为中心，覆盖生产经营、管理等各环节，实施全面控制。

4. 重要性原则

作为企业的高层管理人员，应当将注意力集中于那些在业务处理过程中发挥作用较大、影响范围较广、对保证整个业务活动的控制目标至关重要的关键控制点上，抓住了关键点，就等于抓住了全局，因此，重要性原则就是要选择关键控制点，实施重点控制。

5. 内部牵制原则

内部牵制是指在部门与部门、员工与员工及各岗位间所建立的互相验证、互相制约的

关系，其主要特征是将有关责任进行分配，使单独的一个人或一个部门对任何一项或多项经济业务活动无完全的处理权，必须经过其他部门或人员的查证核对。从纵向来说，至少要经过上下两级，使下级受上级的监督，上级受下级的牵制，各有顾忌，不敢恣意妄为；从横向来说，至少要经过两个不相隶属的部门或岗位，使一个部门的工作或记录受另一部门工作或记录的牵制，借以相互制约。

会计控制体系的设计应当保证凡涉及企业内部会计机构、岗位设置及职权划分事项，坚持不相容职务相分离的原则，确保不同机构和岗位之间权责分明、相互制约、相互监督。

6. 成本效益原则

成本效益原则是从事任何经济活动都要遵循的一项基本原则。单位建立和实施会计控制所花费的代价不应超过因此而获得的收益，即力争以最小的控制成本获得最大的经济效益。管理当局在设计会计控制时，要有选择地控制，并要努力降低因控制所引起的各种耗费。

7. 动态的信息反馈原则

任何企业的会计控制都是针对企业所处的特定的内、外部环境和正常的经营活动所设计的，其作用很可能因环境的变化和业务性质的改变而削弱或失效。因此，必须对现行会计控制中的薄弱环节或存在的缺陷及不再适用的规章制度、措施、方法等进行修正和完善，以确保其有效性。

（二）内部会计控制的内容

内部会计控制的内容主要包括货币资金、采购与付款、销售与收款、工程项目、对外投资、成本费用、担保等经济业务的会计控制。

1. 货币资金控制

货币资金是单位资产的重要组成部分，是流动性最强的一种资产。因此，货币资金的管理自然是内部控制的重点内容之一。对货币资金的控制，最主要的目标是保证货币资金的安全、完整。企业应建立良好的货币资金内部控制制度，以保证因销售等应收入的货币资金及时足额回收，并得以正确地记录和反映；所有货币资金的支出均能按照经批准的用途进行，并及时正确地予以记录；库存现金和银行存款等记录报告准确，并得以恰当保管；正确预测单位正常经营所需的现金收支额，确保有充足又不过剩的现金余额。

2. 采购与付款控制

单位应当合理设置采购与付款业务的机构和岗位，建立和完善采购与付款的会计控制程序，加强请购、审批、合同订立、采购、验收、付款等环节的会计控制，堵塞采购环节的漏洞，减少采购风险。

3. 销售与收款控制

单位应当在制定商品或劳务等的定价原则、信用标准和条件、收款方式等销售政策时，充分发挥会计机构和人员的作用，加强合同订立、商品发出和账款回收的会计控制，避免或减少坏账损失。

4. 工程项目控制

单位应当建立规范的工程项目决策程序，明确相关机构和人员的职责权限；建立工程项目投资决策的责任制度，加强工程项目的预算、招投标、质量管理等环节的会计控制，防范决策失误及工程发包、承包、施工、验收等过程中的舞弊行为。

5. 对外投资控制

单位应当建立规范的对外投资决策机制和程序，通过实行重大投资决策集体审议联签等责任制度，加强投资项目立项、评估、决策、实施、投资处置等环节的会计控制，严格控制投资风险。

6. 成本费用控制

单位应当建立成本费用控制系统，做好成本费用管理的各项基础工作，制定成本费用标准，分解成本费用指标，控制成本费用差异，考核成本费用指标的完成情况，落实奖罚措施，降低成本费用，提高经济效益。

7. 担保控制

单位应当加强对担保业务的会计控制，严格控制担保行为，建立担保决策程序和责任制度，明确担保原则、担保标准和条件、担保责任等相关内容，加强对担保合同订立的管理，及时了解和掌握被担保人的经营和财务状况，防范潜在风险，避免或减少可能发生的损失。

（三）内部会计控制的方法

内部控制的方法即指实施内部控制所采取的手段、措施及程序等。内部控制的方法多种多样，针对不同的经济业务和不同的控制内容可以采取不同的内部控制方法，即使同样的经济业务，不同的单位、不同的时期，所采用的控制方法也不完全相同。此外，对同一经济业务或控制内容，也可同时采用几种不同的控制方法。

内部会计控制的方法主要包括不相容职务相互分离控制、授权批准控制、会计系统控制、预算控制、财产保全控制、风险控制、内部报告控制、电子信息技术控制等。

1. 不相容职务相互分离控制

这种控制方法要求单位按照不相容职务相互分离的原则，合理设计会计及相关工作岗位，明确职责权限，形成相互制衡机制。

所谓“不相容职务”，是指那些如果由一个人担任，既可能发生错误或舞弊行为，又可能掩盖其错误或舞弊行为的职务。换言之，对不相容的职务，如果不实行相互分离的措施，就容易发生舞弊等行为。如物资采购业务，批准进行采购与直接办理采购即属于不相容的职务，如果这两个职务由一个人担当，即出现该员工既有权决定采购什么、采购多少，又可以决定采购价格、采购时间等，没有其他岗位或人员的监督、制约，就容易发生舞弊行为。不相容职务分离的核心是“内部牵制”假设。因此，单位在设计、建立内部控制制度时，首先应确定哪些岗位和职务是不相容的，其次要明确规定各个机构和岗位的职责权限，使不相容岗位和职务之间能够相互监督、相互制约，形成有效的制衡机制。不相容职务主要包括授权批准、业务经办、会计记录、财产保管、稽核检查等职务，要求公司、单位按照不相容职务分离的原则，合理设置会计及相关工作岗位，明确职责权限，形成相互制衡机制。

2. 授权批准控制

授权批准是指单位在办理各项经济业务时，必须经过规定程序的授权批准。这种控制方法要求单位明确规定涉及会计及相关工作的授权批准的范围、权限、程序、责任等内容，单位内部的各级管理层必须在授权范围内行使职权和承担责任，经办人员也必须在授权范围内办理业务。

授权批准形式通常有一般授权和特别授权之分：一般授权是指授权批准处理常规性的经济业务，这些规定在管理部门中采用文件形式或在经济业务中规定一般性交易办理的条件、范围和对该项交易的责任关系；特别授权指授权处理非常规性交易事件，比如重大的筹资行为、投资决策、资本支出和股票发行等，如审批权限。特别授权也可以用于超过一般授权限制的常规交易。

3. 会计系统控制

会计系统控制要求公司单位依据《会计法》和国家统一的会计制度，制定适合本单位的会计制度，明确会计凭证、会计账簿和财务会计报告的处理程序，建立和完善会计档案保管和会计工作交接办法，实行会计人员岗位责任制，充分发挥会计的监督职能。

会计系统控制主要是通过对会计主体所发生的各项能用货币计量的经济业务进行记录、归集、分类、编报等而进行的控制。其内容主要包括：（1）建立会计工作的岗位责任制，对会计人员进行科学合理的分工，使其相互监督和制约；（2）会计业务处理流程；

（3）设计良好的凭证格式，规定合理的传递流程；（4）账簿格式、登记规则和程序，账簿体系和钩稽关系；（5）报表格式、体系、钩稽关系，编报要求和方法、结账规则和程序；（6）会计科目体系及核算内容的说明；（7）成本计算方法及核算程序。

4. 预算控制

预算控制又称全面预算控制，是内部控制的一种重要方法，它要求公司单位加强预算编制、执行、分析、考核等环节的管理，明确预算项目，建立预算标准，规范预算的编制、审定、下达和执行程序，及时分析和控制预算差异，采取改进措施，确保预算的执行。预算内资金实行责任人限额审批，限额以上资金实行集体审判，严格控制无预算的资金支出。

5. 财产保全控制

这种方法要求单位限制未经授权的人员对财产的直接接触，采取定期盘点、财产记录、账实核对、财产保险等措施，确保各种财产的安全完整。

财产保全控制主要包括接近控制、定期盘点控制、妥善保管会计记录。

接近控制主要是指严格限制无关人员对资产的接触，只有经过授权批准的人员才能接触资产。接近控制包括限制对资产本身的接触和通过文件批准方式对资产使用或分配的间接接触。一般情况下，对货币资金、有价证券、存货等变现能力强的资产必须限制无关人员的直接接触。

定期盘点控制是指定期对实物资产进行盘点，并将盘点结果与会计记录进行比较，盘点结果与会计记录如不一致，可能说明资产管理上出现错误、浪费、损失或其他不正常现象，应当及时采取相应的措施加强管理。

妥善保管会计记录首先要限制接近会计记录的人员，其次应妥善保存，减少被盗、被毁的机会，最后对重要记录要备份。

6. 风险控制

要求公司单位树立风险意识，针对各个风险控制点，建立有效的风险管理系统，通过风险预警、风险识别、风险评估、风险分析、风险报告等措施，对财务风险和经营风险进行全面防范和控制。

7. 内部报告控制

要求公司单位建立和完善内部报告制度，全面反映经济活动情况，及时提供业务活动中的重要信息，增强内部管理的时效性和针对性。

8. 电子信息技术控制

要求运用电子信息技术手段建立内部会计控制系统，减少和消除人为操纵因素，确保内部会计控制的有效实施；同时要加强对财务会计电子信息系统开发与维护、数据输入与输出、文件储存与保管、网络安全等方面的控制。电子信息控制的内容包括两个方面：一是实现内部控制手段的电子信息化，尽可能地减少和消除人为操纵的因素，变人工管理、人工控制为计算机、网络管理和控制；二是对电子信息系统的控制，具体讲既要加强对系统开发、维护人员的控制，还要加强对数据、文字输入、输出、保存等有关人员的控制，保障电子信息系统及网络的安全。

第二节　货币资金控制程序

一、现金收支业务流程控制

货币资金中库存现金和银行存款所占比重较大，因此货币资金内部控制，重点就是对现金和银行存款实施内部控制。

（一）现金收支业务基本流程

按照国务院发布的《现金管理暂行条例》及现金核算办法等规定，办理现金收支业务，通常需要按照下述业务处理程序进行：

1. 授予权限

单位决策层或者部门负责人按照组织机构的设置情况对相关人员授予办理有关现金结算的权限。其中主要是对现金支付业务进行审批的授权，因为只有经过授权审批人批准的款项才能由出纳人员办理支付。

2. 制取原始凭证

单位发生有关现金收支业务必须填制或者取得原始凭证，作为自制原始凭证，经办人员必须在上面盖章，作为收付现金的书面证明。例如：支出采购货款，要取得对方的销货发票和本单位的验货入库单作为付款的证明；企业向银行提取现金，要签发现金支票，以支票存根作为提取现金的证明；收到职工的交款，应该以开出的收款收据作为收款的证明。

3. 审签原始凭证

业务部门负责人对原始凭证审核签章，证明经济业务的真实性。只有经过部门审核的原始凭证才能传递给会计部门。例如：企业向银行提取现金，要由出纳员在现金支票上注明款项用途并签章，财会部门负责人审核后加盖财务专用章；支付采购货款，要由采购员在相关凭证上签字，采购部门负责人审签。

4. 审核原始凭证

会计部门收到有关现金收支业务原始凭证后，由会计主管或者授权的主办会计负责对其进行审核，如现金支付项目超过授权审批的范围，应上报领导审核签字，不能进行越权审批。对于不符合规定的凭证，可拒不受理或者责成经办人员补办手续。

5. 编制记账凭证

主办会计根据审核后的原始凭证，填制收款凭证或者付款凭证。会计审核原始凭证并填制报销凭单，相关各领导签字后，出纳再次审核原始凭证和填写金额并报销现金或开具支票。出纳不定期地按照提取的现金支票存根和相应金额的报销凭单加盖收、付讫章后交会计记账。会计记账后将原始凭证会同记账凭证一同交予出纳，出纳登记日期并记账。

6. 复核凭证

稽核人员或者指定人员对收、付款凭证进行复核，应特别注意复核是否存在越权审批，复核合格后签章，通知出纳办理现金的收付。具体地说，包括：查看发票的真假；核对票面金额与合同单价和金额是否相符；核对发票数量与入库单数量是否一致；审核有关人员是否签名；如果是增值税专用发票要核对是否超过抵扣期限；等等。

7. 收付现金

出纳人员按凭证所开列金额收付现金，并在凭证上加盖“收讫”“付讫”戳记。一般来说，必须遵循下列原则：

（1）营业前，经办现金收付的出纳人员按照工作需要和便于操作的要求，将出纳机具、办公用品合理、科学地摆放在适当位置。

（2）办理现金收付业务必须配备专职出纳员，坚持“钱账分管、双人临柜”的原则，必须做到换人复核、手续清楚、责任分明。

（3）收入款项和付出款项应分别放置、保管，不得混放在一起或收付抵用。当日收入的现金作当日付出使用时，必须经过整点复核，并应轧平现金账，核对收入无误后，按规定办理款项交接手续，方可对外支付。

办理现金收付，必须坚持“收入现金先收款后记账，付出现金先记账后付款”的原则。做到当面点准，一笔一清，不得混淆，日清日结。

收付大宗现金，必须做到先点捆、卡大把，核对封签，散把点数。拆捆时，确认每捆10把后，再拆捆。

8. 登记日记账

出纳人员根据复核后的收、付款凭证，登记现金日记账。现金日记账通常由出纳人员根据审核后的现金收、付款凭证，逐日逐笔顺序登记。同时，由其他会计人员根据收、付款凭证，汇总登记总分类账。对于从银行提取现金的业务，由于只填制银行存款付款凭证，不填制现金收款凭证，因而现金的收入数，应根据银行存款付款凭证登记。每日收付款项逐笔登记完毕后，应分别计算现金收入和支出的合计数及账面的结余额，并将现金日记账的账面余额与库存现金实存数相核对，借以检查每日现金收、支和结存情况。

9. 登记明细账

主办会计根据复核后的收、付款凭证，登记相关明细账。明细分类账簿亦称明细账，是根据各单位的实际需要，按照总分类科目的二级科目或三级科目分类设置并登记全部经济业务的会计账簿。根据经济管理的需要和各明细分类账记录内容的不同，明细账可以采用三栏式、多栏式和数量金额式等三种格式。

10. 登记总账

总账会计定期编制汇总记账凭证，经过复核后登记现金总分类账。总分类账账页中各栏目都必须填写清楚，这些栏目包括日期栏、凭证字号栏、摘要栏、对方科目栏、借贷方金额栏、借或贷栏等。

11. 清点现金

出纳人员每日营业结束后，结出现金日记账的收入、支出、余额，同时清点库存现金，进行账实核对。出纳员的现金日记账余额必须与库存现金的实有金额一致，如果不一致则必须查找原因，实在查找不出不一致原因的，出纳员则必须及时向负责人报告。

12. 送存银行

对于超过库存限额的现金，由出纳员及时送存银行，并收取现金进账回单。

13. 核对账簿

月末由稽核员或者其他非记账人员对现金日记账、有关明细账及总账进行核对，如果发生差异，应及时查明原因上报后予以处理。

14. 盘点库存

除了出纳员在每日营业结束时必须盘点库存现金以外，单位还必须定期或者不定期由内部审计人员、会计主管和相关人员组成清查小组对库存现金进行盘点，并与现金日记账余额进行核对，根据清点结果编制现金盘点报告。

（二）现金收支业务流程控制要点

企业根据规模的不同，其现金收支业务流程的复杂程度也可能存在差异，但是对于上述基本业务流程，应把握其中的关键环节，抓重点才能有效地对内部会计进行控制。现金收支业务流程的控制大致由以下内容组成：

1. 以实际发生的经济业务为基础

现金的收支必须以真实发生的经济业务事项为基础，也就是必须取得真实合法的原始凭证，没有真实合法的原始凭证不得进行现金的收支活动。因此，对原始凭证的审核成为现金收支业务控制的重点之一。

2. 原始凭证的审核

原始凭证的审核可以分为以下层次：

（1）初级审核由业务部门的负责人完成，主要证明经济业务的真实性。

（2）第二层次的审核由会计或财务部门负责人完成，主要负责审核报销的原始凭证是否符合财经规定和企业内部管理的要求。

（3）第三层次的审核由出纳员完成，主要审核是否有假发票等虚假单据。

（4）最高层次的审核由单位负责人完成，主要是对重大的现金收支项目进行最终审核，保证现金收支的安全性。

3. 账账核对、账实核对

进行账账核对和账实核对也是发现现金收支业务中舞弊行为的有效措施，是现金收支业务控制的另一个重点。企业会计或者财务部门应组织专门的人员对涉及现金收支的相关账簿进行定期核对，对库存现金进行定期或者不定期盘点，发现差异，应立即查找原因，追究相关人员的责任。

二、银行结算业务流程控制

（一）银行结算业务的基本流程

银行存款业务流程，包括银行存款收入和支出结算程序。银行结算方式主要包括支票、银行本票、银行汇票、商业汇票、托收承付、委托收款、汇兑和信用证等，企业可以根据需要进行选择。选择不同的结算方式，其业务流程和结算手续也存在一定差别。下面介绍的是共同业务的一般程序：

1. 授予权限

同现金授权相似，单位决策层或部门负责人根据单位规定和业务需要，授予相关人员办理涉及银行存款收支的权限。

2. 签订结算契约

经办人员办理经济业务，应同对方商定收付结算方式和结算时间，并以合同或其他契约方式加以明确。

3. 制取原始凭证

业务经办人员按照财务会计制度规定，填制或者取得原始凭证，如为自制原始凭证，经办人员必须在上面签章，作为办理银行存款收、付业务的书面凭证，如取得购货发票、开具销货发票等。

4. 审签原始凭证

业务部门负责人或授权人员对原始凭证审核签字，批准办理相关结算手续。

5. 审核原始凭证

会计主管或者授权人员审核原始凭证及其反映的经济业务，批准办理银行存款收支结算，对于不合规定的凭证，应拒绝受理或责成经办人员补正手续。

6. 制取结算凭证

出纳员根据已经审核的原始凭证，按照会计规定手续和结算方式填制或取得银行存款结算凭证。如办理货款托收需填制托收承付结算凭证，办理货款承付需取得银行承付通知单等。

7. 办理结算业务

出纳员送交或留存结算凭证及有关记录，向银行办理存款收付业务。

8. 审核结算凭证

会计主管或授权人员审核结算凭证回联，并与原始凭证进行核对。

9. 编制记账凭证

会计人员根据审核的结算凭证及原始凭证，编制银行存款收、付凭证。

10. 复核记账凭证

稽核员或指定人员复核记账凭证及所附结算凭证、原始凭证。

11. 登记日记账

出纳员根据复核后的记账凭证，逐笔登记银行存款日记账。银行存款日记账的审核包括三个环节：第一，银行存款日记账与银行收付凭证相互核对，做到账实相符；第二，银行存款日记账和银行总账要互相核对，做到账账相符；第三，银行存款日记账与银行存款对账单要相互核对，以便准确掌握企业可运用的银行存款实有数。

12. 登记明细账

相关会计人员根据复核后的记账凭证，登记相应的明细分类账。

13. 登记总账

总账会计定期编制汇总记账凭证，经复核后登记银行存款总账分类。

14. 核对账单

定期由非出纳人员逐笔核对银行存款日记账，与银行对账单进行对账，清查未达账项。

15. 编制调节表

由对账人员编制银行存款余额调节表，经审核后作为调账核对的依据。编制银行存款余额调节表的一般步骤如下：

首先，检查银行寄来的对账单及附来的借方和贷方通知单，逐一核对各笔收入款与企业存入银行的款项是否相符。凡是银行尚未入账的，需在调节时加在银行对账单的余额上。

其次，将在本月已经兑付注销的支票，按照支票号码一一顺序排列，与现金支出日记账上的记录逐一加以比较核对。

再次，从银行记载的往来银行的存款余额上应扣除企业尚未入账的、由银行随银行对账单附送的借项通知单上的金额。

最后，从企业记载的往来银行的存款余额上应扣除企业尚未入账的、由银行随银行对账单附送的贷项通知单上的金额。

16. 核对账簿

月末由稽核人员对非记账人员对银行存款日记账、有关明细账和总分类账进行核对，如发生差异及时查明原因上报予以处理。

（二）银行结算业务流程控制要点

由于现金结算金额的限制，企业在商品交易过程中，可能会更频繁地使用银行结算方式，因此必须把握银行结算业务控制的重点。

银行结算方式具有多样性，相关人员在进行商品交易或提供劳务等经济活动过程中必须首先与对方签订合同契约，确定适当的银行结算方式。结算方式的确定应符合企业内部的规定或事前应得到相关负责人的批准，为避免不必要的损失，经办人员不得擅自确定结算方式。

与现金收支相似，进行银行结算也必须以真实发生的经济事项为基础，必须取得正式合法的原始凭证。对原始凭证的审核是银行结算控制的重点，其审核的原则与现金收支类似，在此不再赘述。

此外，进行账账核对和账实核对对银行结算也同样重要。为确保账实相符，应定期由会计或财务部门的非出纳人员将银行对账单和银行存款日记账进行核对，编制银行存款余额调节表，确定企业账面记录是否与银行存款相一致。对账账核对和账实核对中发生的非正常差异，应组织专人查明原因，及时处理。

第三节　货币资金控制制度

在了解和熟悉企业内部控制的程序之后，企业应该结合自身的经营特征，按照内部控制设计的原则，制定货币资金内部控制制度，形成正式的书面文档，供全体员工遵守执行。

一、建立货币资金内部会计控制制度的原则

（一）职务分离原则

对于货币资金的收入与支付，一般都要经过授权、执行、记录、审核、保管等几个环节，这些环节应由两个或两个以上的人员合理分工，共同负责，以达到相互牵制的目的，这就是通常所说的不相容的职务分离的原则。进行职务分离有利于实现货币资金控制的目的。货币资金业务需要分离的职务主要有七种：

（1）出纳员和会计人员职务相分离，出纳人员专门负责货币资金业务的管理。

（2）出纳人员不得兼管收入、费用、债权、债务账簿的记账工作。

（3）出纳和编制收付凭证的会计人员不能负责编制银行存款余额调节表。

（4）出纳人员不得负责稽核工作和会计档案的保管工作。

（5）货币资金业务的全过程不能由一人单独办理完成。

（6）对货币资金的清查应由出纳之外的会计或审计人员完成。

（7）定期或不定期地调换出纳员的工作，实行会计人员内部轮换制度。

（二）授权审批原则

办理货币资金业务的相关人员必须经过授权和批准，授权批准控制要求规定相关人员的职责范围和业务权限，相关人员只能在其职责范围内处理业务，这样可以加快业务的处理速度，防止相互推诿现象的产生。企业可按照下列要点进行授权批准：

（1）对货币资金业务建立严格的授权批准制度，明确审批人对货币资金业务的授权批准方式、权限、程序、责任和相关控制措施，规定经办人办理货币资金业务的职责范围和工作要求。

（2）审批人应当根据货币资金授权批准的规定，在授权范围内进行审批，不得超越审批权限。

（3）经办人应当在职责范围内，按照审批人的批准意见办理货币资金业务。对于审批人超越授权范围审批的货币资金业务，经办人员有权拒绝办理，并及时向审批人的上级授权部门报告。

（4）对于重要货币资金支付业务，应当实行集体决策和审批，并建立责任追究制度，防范贪污、侵占、挪用货币资金等行为发生。

（5）严禁未经授权的机构或者人员办理货币资金业务或者直接接触货币资金。

授权批准可以分为一般授权和特殊授权两种：前者是授予相关人员处理正常范围内经济业务的权限；后者是授予相关人员处理超出一般授权范围时的特殊业务的权限。进行授权控制时，应特别注意其范围，范围太大，会使企业控制风险增加，范围太小则会影响人员的积极性，使授权批准形同虚设。

二、货币资金内部会计控制制度的内容

在充分考虑以上原则的基础上，根据程序控制要求，企业应建立现金收支控制制度、定额备用金管理制度、现金预算管理制度、银行存款控制制度、其他货币资金控制制度、票据和有关印章的保管制度等内部控制制度。

（一）现金收支控制制度

1. 现金收入控制制度

现金收入控制制度应当由以下几方面的内容组成：

（1）现金收入由授权收款的收银员（出纳员）专人负责，收款员只负责收款，不得开具收款单。

（2）收款单由业务部门人员开具，如销售员等，单据必须连续编号。

（3）现金收款必须根据相关人员提交的原始凭证（收款单）进行。

（4）每天收到的现金，应在当日或次日存入开户银行，不得“坐支”。

（5）会计部门根据收款单编制收款凭证。

（6）出纳员和会计部门根据收款凭证分别登记现金日记账和相关明细账。

（7）定期进行账账核对、账实核对，发现问题及时处理。

2. 现金支出控制制度

现金支出控制制度由以下内容组成：

（1）现金支出范围必须满足《现金管理暂行条例》。

（2）企业需要支付现金时，必须先由付款申请人填制付款单，然后将付款单随同有关单证一起送业务部门主管、会计主管或总经理审核签字。

（3）出纳员收到审核无误后的付款单后支付款项，并在相关凭证上盖上“现金付讫”戳记，以免重复支付。

（4）付款单据送会计部门编制付款凭证。

（5）出纳员和会计部门根据付款凭证分别登记现金日记账和相关明细账。

（6）定期进行账账核对、账实核对，发现问题及时处理。

（二）定额备用金管理制度

1. 建立定额备用金制度的意义

对企业一些频繁发生的日常小额零星开支，可以建立定额备用金进行管理。建立定额备用金制度，一方面可以使相关部门和人员在一定职权范围内拥有资金的调度权，提高工作积极性和主动性；另一方面可以减少日常繁杂的报销手续，有利于节省工作时间，提高工作效率。由此可见，建立定额备用金制度是企业对一些程序化的现金支出项目进行管理的有效方式。

2. 现金定额备用金制度的内容

现金定额备用金制度由以下内容组成：

（1）由财务部门统一确定定额备用金项目。例如，建立差旅费备用金、业务招待费备用金、工资备用金等。

（2）确定每项定额备用金的定额。各个部门的定额备用金的定额不应当千篇一律，财务部门应根据各个不同部门所承担业务的具体情况，确定各部门定额备用金的定额。通常情况下，除工资备用基金外，其他备用金的金额都不能过大。金额一旦确定，任何超过该备用金定额的现金支出，都应事先特别审批后才能支付，并在一般现金中支付，而不在备用金中支付。

（3）确定备用金的保管人。备用金应由专人负责保管，备用金保管人要建立备用金登记簿记录备用金使用情况。备用金保管人须根据经过授权审批的发票、单据等原始凭证支付现金。备用金保管人应及时结账，到财务核销已经支付的备用金，并补足已经支付的备用金。备用金保管人上岗前应接受财务部门的专门培训，使其充分了解作为备用金保管员的职责和权利，懂得如何保管现金、如何登记备用金登记簿，以及其他作为备用金保管员应当了解的内容。必须注意的是，备用金保管人没有审批报销费用的权力，审批报销的权限必须由其他经授权的专门人员担任，备用金保管员只能凭经过审核批准的原始凭证支付现金。

（4）备用金的使用必须有发票等原始凭证来证实该笔支出。发票应由备用金使用人签字和审批人签字。在某些情况下，备用金的支付必须得到事先批准。

（5）内部审计人员或其他授权人员应不定期地清查备用金，确保备用金余额和已支付凭证的合计数与备用金的固定金额相等。

（6）当备用金余额在规定数额以下时，备用金保管人可将已支付凭证按用途汇总结账后交会计部门。会计部门审批后，交出纳部门按定额补足该备用金。补足备用金的付款凭证，应由会计部门妥善保管，不能返还给备用金保管人。

（7）各备用金的余额应定期与控制该备用金的总账余额相核对。

3. 银行存款形式的备用金

除用现金作为备用金外，也可替备用金使用人在银行开设备用金专户。采用这种形式的工作原理同上述的现金定额备用金制度基本相同。此时，企业应书面告知银行，该专户存款只能以企业开出的补足备用金支票为依据，取款时只能由企业指定的备用金使用者才能提取，防止经常性的现金收入流入该账户和非备用金使用者提取该现金。

（三）现金预算管理制度

1. 建立现金预算管理制度的意义

对现金建立预算管理制度的目的是通过定期编制有关现金的预算计划，对一定时期企业现金流入与流出进行统筹安排，促进现金的有效周转，提高资金的使用效率。因为现金预算的资料主要来源于销售、采购、生产等日常业务预算，所以加强现金预算管理可以有效地促进其他预算工作，使企业对现金收入与支出有全局性的把握，可以减少现金过剩造成的资金浪费和现金短缺给企业造成的经济损失。

2. 现金预算管理制度的内容

现金预算管理制度主要针对预算期内的现金和银行存款（以下简称“现金”）的流入和流出编制预算。其主要内容包括以下几点：

（1）对企业现金收支进行科学预测。根据企业的经营特点，预测预算内的现金收入和支出。现金收入主要是企业的主营业务收入中现金回收部分和收回以前的应收账款。现金支出包括预算期内材料现金采购成本、工资、其他期间费用支出和预计的资本性支出。

（2）将可能的现金收支逐一列示，反映出各项预算的金额。

（3）根据期初现金加现金收入减现金支出，计算出预算期现金余缺。

（4）结合企业最低现金需求，当现金发生节余时对其进行运用（如短期投资等），而现金发生短缺时必须通过各种方式进行筹集（如向银行借款、发行债券等），以满足企业正常的生产经营。

通过较为详细和较为远期的现金收支预测和现金预算的编制来规划期望的现金收入和所需的现金支出，从而较为精确地测算出有多少闲置现金可以用来进行临时性投资或在经营中需要筹集多少现金。

现金预算编制者应与出纳和从事现金账务工作的会计人员分离，一般由财务部门的专职人员完成，将货币资金预算与实际执行情况相比较，分析差异进行评价，也可视为货币资金控制的组成部分。

（四）银行存款控制制度

银行存款账户的开设与终止，应由授权批准人员进行审批，在办理银行收付业务时，应严格遵守银行结算纪律。银行存款的收入项目包括存入的现金、收到的票据或其他账户转存；支出项目包括提现、开出票据、转存其他账户。在收支过程中，企业大部分业务可能通过支票结算的方式进行，所以下面主要以支票为例介绍企业应如何建立银行存款收、支和核对的控制制度。

1. 支票收入控制制度

企业收到支票收入款项时按以下程序进行控制：

（1）企业收到支票时，应检查其内容是否填列正确，如出票日期是否正确、金额是否正确、有无出票人印章等。

（2）支票送交银行后，应根据银行回单和其他原始凭证编制收款凭证。

（3）出纳和会计部门根据收款凭证分别登记银行存款日记账和相关明细账。

2. 支票支出控制制度

企业签发支票支付款项时按以下程序进行控制：

（1）每项支票支出，都必须经过授权的支票签署者的审核签发。在某些情况下，可设立支票会签制度，但必须注意，每个签署者都必须独立审核支票及其附属凭证，否则这种会签制度将隐藏更大的风险。

（2）每项支票支出，都必须由经核准的发票和其他必要的凭证作为依据。

（3）支票的签发应满足《中华人民共和国票据法》（以下简称《票据法》）的要求，特别应明确地写明受款人和金额，并与相应的应付凭证进行核对，无受款人和金额的支票风险非常大，应当禁止。已经作为签署支票依据的有关凭证，应于签署支票后，加盖“已付讫”戳记，以防它们被用来作为重复付款的凭证。支票签发时应在备查簿中登记。

（4）作废的支票必须加盖“作废”戳记，防止再被使用。并且应和其他支票存放在一起，按顺序加以留存。

（5）会计部门根据支票存根编制付款凭证。

（6）出纳员和会计部门根据凭证分别登记银行存款日记账和相关明细账。

3. 银行存款的核对

银行存款占企业货币资金的绝大部分，为准确掌握银行存款的实际金额，防止资金贪污、挪用，企业应定期核对银行存款账目。定期核对的内容包括银行存款日记账与银行收付凭证相互核对，银行存款日记账与银行存款总账相互核对，银行存款日记账与银行对账单相互核对。

在企业核对银行存款日记账与银行对账单时，应首先编制银行存款余额调节表，对未达账项进行调整。为防止舞弊，根据不相容职务分离原则的要求，银行存款余额调节表应由出纳和编制收付凭证以外的会计人员编制。

（五）其他货币资金控制制度

其他货币资金包括外埠存款、银行汇票存款、银行本票存款和在途货币资金等，由于这些资金已脱离银行存款账户，对其管理也应引起密切关注。

外埠存款应为专门的采购需要而进行，防止为其他单位或个人付款；通过函询或索取对账单，审核余额是否正确；采购价款应及时结算，采购业务结束后应将外埠存款转入结算户存款，防止长期占用或挪作他用。

银行汇票、银行本票等的办理应符合《票据法》的要求，手续健全、完备；必须为正常的业务需求签发票据；按时结算货款，并进行账务处理；余款或超过付款期限的票据应及时办理转账收回。

在途货币资金应由经营人员在下月及时查询，以防凭证丢失或被挪作他用。

（六）票据和有关印章的保管制度

1. 建立票据和印章控制制度的意义

企业在进行现金收支或办理银行结算时可能会使用相关票据或印章，为保证现金和银行存款的安全完整，必须加强对票据和印章的管理工作。建立和完善票据及印章保管制度，一方面可以减少涉及现金和银行存款的舞弊行为，确保实现其安全完整的控制目标；另一方面也可以明确相关责任人的职责，避免由于职责不清造成的损失，在出现问题后可以及时追究责任。所以企业应该制定书面形式的票据和印章保管制度，明确保管人的责任，建立相关奖惩条例，为加强对现金和银行存款的控制奠定坚实的基础。

2. 票据和印章保管制度的内容

票据和印章的保管制度应当涵盖以下内容：

（1）票据的购买应由相关会计人员提出申请，经会计主管审批后进行。同时，对购入的票据应建立备查簿，反映购入种类、数量、编号等情况。

（2）所有票据均应指定专人负责保管。

（3）票据领用时应该在备查簿上进行登记，反映领用数量、票据编号、领用人及领用时间等。

（4）对无须使用的票据，应退回给票据保管人，由其向会计主管提出申请，经批准后按规定注销。

（5）对使用完的票据应统一编号存档。

（6）银行印鉴章一般应由两人分管，不得擅自将自己保管的印章交他人使用，也不得私自接受他人保管使用的印章。

（7）使用时，掌管印鉴章的两人都要对收付款原始凭证进行审查，审核无误后，才能在有关凭证（支票）上盖章。

第四节　现金流量指标分析

一、现金流量指标分析的作用

现金流量指标分析的主要作用是：第一，提供本企业现金流量的实际情况；第二，有助于评价本期收益质量；第三，有助于评价企业的财务弹性；第四，有助于评价企业的流动性；第五，用于预测企业未来的现金流量。

二、现金流量指标体系的机理

现金流量指标体系是企业进行现金流量管理控制的重要手段，它在企业的财务计划和控制活动如财务预算、价值评估、业绩评价、财务预警中发挥着越来越重要的作用。当前，现金流量指标体系已成为企业的一个重要的信息支持系统和绩效评价手段。同时，随着现金流量管理基本目标的演变，现金流量指标体系的角色定位和关注重点亦有所变化。

作为一个信息支持系统，现金流量管理融入企业的核算体系和预算体系中，为企业内部管理提供了现金控制的关卡；作为一种绩效评价手段，现金流量指标体系起到了较好的业绩考核和风险管理作用，并能通过关键指标值的观察有效揭示现金控制的重点。

通过对现有现金流量指标的梳理和归纳，我们按照不同的作用机理和关注点将其分成三类，即基于管理导向、基于状态结构和基于财务预警。其中：基于管理导向的指标体系是根据现金流量管理的目标整理得到；基于状态结构的指标体系立足于企业的生命周期特性，将现金流量管理放在了更长的时段中，同时考虑了现金的流量和流向；基于财务预警的指标体系则是关注企业的未来状况，具有风险预测性。

三、现金流量指标体系的内容

（一）基于管理导向的现金流量指标体系

现金流量指标体系的构建作为企业战略的一部分具有管理导向。这种管理导向形成了现金管理中的关注重点。

1. 流动性管理指标

评价企业的流动性主要根据现金流量和资产转化的时机以及偿还债务的能力。有关流动性的最常见指标有流动比率、速动比率、应收账款周转率和存货周转率等，这些比率尽管能说明一些问题，但由于反映的是企业某一时点上的流动性水平，容易歪曲事实，造成认识的错觉和分析误区。现金流量指标能较好地克服这类缺陷，这些指标包括：现金流动负债比（现金净流量/流动负债）、现金长期负债比（现金净流量/长期负债）、现金债务总额比（现金净流量/债务总额）、债务偿还期（债务总额/经营活动现金流量净额）、现金到期债务比（现金净流量/本期到期的债务）、现金利息保障倍数（经营现金净流量/债务利息）、现金股利保障倍数（经营现金净流量/现金股利）。

2. 盈余现金管理指标

当前，高效的现金管理者认识到现金是一种稀有紧缺资源，应该节约使用并获得最大的投资回报率。人们关注的视角开始转向如何进行有效的盈余现金管理。

（1）盈利能力指标

常见的盈利能力评价指标，如净资产报酬率、资产报酬率等，以权责发生制为基础，不能反映伴随企业现金流入的盈利状况，只能评价企业盈利能力“数”的量、不能评价企业盈利能力“质”的量。因此，在进行企业盈利能力评价和分析时，对企业伴随有现金流入的盈利能力指标进行评价显得十分必要。现金盈利能力常见指标主要有销售现金比率（经营现金净流量/主营业务收入）、每股现金净流量［（经营现金净流量-优先股股利）/普通股股数］、自有资本金现金流量比率（经营活动现金净流量/自有资本金总额）、经营现金净流量与净利润比率（经营现金净流量/净利润）、经营现金净流量与营业利润比率（经营现金净流量/营业利润）、经营现金贡献率（经营现金净流量/总现金净流量）、现金流量偏离标准比率［经营现金流量净额/（净利润+折旧+摊销）］。

（2）收益质量指标

收益质量与经营风险是密切联系的，经营风险大、收益不稳定，会极大地降低收益质量。尽管前述盈利能力类指标纳入了现金流因素，既能反映盈利的数量，也能反映盈利的质量，但缺乏能综合反映报告收益与公司业绩之间相关性的指标。收益质量主要以两个较为综合的现金流量类指标来衡量，即净收益营运指数（经营活动净收益/企业净收益）、现金营运指数（经营现金净流量/经营所得现金）。

（3）成长能力类指标

现金流量的成长能力类指标主要是从增量比角度考察增长速度，或者从企业扩张角度考察投资规模，主要包括以下几个指标：总现金净流量增长率（分析期总现金净流量/基期总现金净流量-1）；经营现金净流量增长率（分析期经营现金净流量/基期经营现金净流量-1）；现金投资成长率［投资活动现金净流量/（固定资产+无形资产+长期投资+其他长期资产）］。

3. 短缺现金管理指标

随着经济环境的变化，企业的发展速度也大幅提升，但是飞速发展带来的结果是现金的短缺。许多账面盈利的企业却出现经营失败，这主要是因为企业在存货、应收账款和生产等环节投入了大量资金以支持销售的快速增长，导致了现金流量的紧张，使得企业在现金的使用上往往出现捉襟见肘的尴尬局面。这时，除了流动性指标，全面考量企业的经营能力、现金充足能力和现金平衡性的指标也成为人们关注的重点。

（1）经营能力类指标

经营能力类指标主要包括总资产现金回收率（经营现金净流量/资产总额）和净资产现金回收率（经营现金净流量/净资产）这两个指标。

（2）现金充足能力指标

现金充足能力指标包括现金充足比率［经营现金净流量/（存货投资+现金股利+资本性支出）］和资本支出比率（经营现金净流量/资本性支出）。

(3) 现金平衡类指标

常见的现金平衡类指标为经营现金满足内部需要率［经营现金净流量/（购置固定资产支出+现金股利+财务费用）］。指标反映企业经营现金流量满足内部需要的能力。虽然企业从外部筹集资金是正常的，但如果企业长期依靠外部融资来维持经营活动所需要的现金和支付利息费用，则无论如何是不正常的。如果这样，债权人可能会认为风险过大而拒绝提供信贷。一般来说，企业正常经营活动的现金流量，应当能够满足其对营运资本的追加投入、支付股利和利息费用。这才是一个健康企业的标志。

（二）基于状态结构的现金流量指标体系

基于状态结构的现金流量指标体系是从总量和内部结构两个角度对企业一定会计期间的现金流量进行分析的指标体系。这可以使投资者和企业管理者对企业的经营活动尤其是主营业务的运行状况有所了解，把握企业的现有状态，形成对企业的初步诊断从而制定正确决策，为企业的存续和发展奠定坚实基础。

对经营活动、筹资活动和投资活动现金流量的状态分析可以对企业构成初步的判别，并形成对企业某些活动领域的特别关注。

（三）基于财务预警的现金流量指标体系

以现金为基础的财务困境或者财务危机预测在 80 多年前就已经开始，至今已经积累了较为丰富的研究成果。以现金流量为基础的财务困境预测已经和以财务指标为基础的财务困境预测以及市场收益率为基础的财务困境预测发展成为三种预测方法，并且产生了很多预测模型。研究发现，以现金流量为基础的财务困境预测具有较高的准确性，如果选取的指标合理、构造模型得当，其比以其余两种指标为基础的模型更加精确，误判概率更低。

1. 修正的杜邦分析体系

传统的杜邦系统数据资料来源于资产负债表和利润表，但随着人们对现金流量信息的日益关注，传统杜邦系统需要引入现金流量分析以更全面地反映企业的信息。在修正杜邦系统的基础上，可以帮助企业更好地进行分析、预测和警示。

2. 财务预警综合指数预警体系

国内有学者基于财务预警模式构建了一套现金指标预警体系。该体系在财务预警与经营风险、投资风险、筹资风险之间搭建了逻辑关系，分别设置了反映资本周转、资本扩张和资本结构的预警综合指数指标。该体系引入了现金盈利值（CEV）和现金增加值（CAV）两个重要指标。

第八章　企业业务流程的内部控制

第一节　业务流程及其相关内部控制

企业中的内部会计控制是一项庞大的系统工程，涉及企业生产经营管理的各个方面，不仅包括董事会等高层管理人员，而且也影响到每一个企业员工。因此，企业内部会计控制制度具有十分重要的意义。由于内部控制的许多措施和方法是体现在企业具体的业务层面上的，从业务流程入手进行企业的内部控制有利于加速内部控制措施与企业具体业务的融合。通常按照一定的标准将企业的所有主要经营过程分成相应的业务循环，然后根据各个业务循环的内容确定相应的控制措施和控制方法。本章主要阐述在一个企业的会计系统中，如何按照不同业务流程确认相关的内部会计控制的基本过程。

一、业务流程

业务流程是指处理某一经济业务的工作程序和先后顺序。尽管某业务流程的具体情况可能因企业而异，但对于大多数企业而言，基本是相同的。业务流程主要包括采购与付款循环、存货与生产循环、销售与收款循环等。这些循环，从生产到销售，涵盖了企业生产经营的主要过程和重要环节。

（一）采购与付款循环

采购与付款循环，指采购部门根据业务部门的需要购入各种物质资料，满足生产和管理所需的过程。采购活动往往形成债务，伴随着经济利益的流出，即出现付款业务，采购和付款业务是不可分离的业务流程。

（二）存货与生产循环

存货与生产循环，是指企业采购的原材料入库以后，由生产车间领用，生产工人操作机器对原材料进行加工形成产品的过程。这一循环过程的特点是存货（包括原材料、在产品、产成品）处于不断的位移过程中，由材料仓库转移到生产车间、在生产车间中由上一生产环节转移到下一生产环节，产品完工后，由车间转移到成品库，等等。在这一循环过程中，责任人也在不断变换，因此，加强存货和生产循环的控制和管理对提高企业经济效益具有重要意义。

（三）销售与收款循环

销售与收款循环是企业生产经营价值实现的环节，也是现金流入的主要途径。由于销售涉及现金与商品的进出，交易频繁，极易产生错弊，使企业遭受损失，因此，建立规范的内部销售与付款控制制度，并有效执行是十分必要的。

二、相关的内部会计控制

对于上述企业的业务流程，我们要明确企业各流程内部会计控制的主要环节，这些环节包括五个方面：

（一）提出内部会计控制目标

控制目标是企业实施内部控制的最终目的，也是评价内部控制的主要依据。因此企业进行各业务循环的内部会计控制过程中，必须首先明确相应的控制目标，然后据此确定控制要素和关键点，这样才能最终合理保证财务报告的真实可靠。控制目标又可以分为基本目标和每一循环的具体目标。有效的内部会计控制就是要保证这些目标的实现。

（二）主要业务流程和相应的信息流程

通过各个业务循环的流程以及相应的各种信息的流转，可以明确每一业务循环的主要控制环节。如对于采购与付款循环就要求各企业合理设置采购与付款业务的机构和岗位，建立和完善采购与付款的会计控制程序，堵塞采购环节的漏洞，减少采购风险；销售与收款循环要求各企业在制定商品或劳务的定价、信用标准和收款方式等政策时，充分发挥会计机构和人员的作用，加强合同订立、商品发出和账款回收的会计控制，避免或减少坏账损失。

（三）进行岗位分工和授权管理

进行岗位分工和授权管理是企业内部会计控制的主要措施。岗位分工又称职责分工控制，就是要求企业按照不相容职务相分离的原则，合理设置会计及相关工作岗位，明确其职责权限，形成相互制衡的机制。授权管理又称授权批准控制，要求企业明确规定涉及会计及相关工作的授权批准的范围、权限、程序、责任等内容。企业内部的各级管理层必须在授权范围内行使职权和承担责任，经办人员也必须在授权范围内办理业务。

（四）分析常见的内部控制缺陷

每一个业务循环在运行过程中都存在着风险，如记录错误、违反法规、非法交易、欺诈舞弊等。因此，在每一个业务循环中有目的地分析该循环运行中可能出现的错误和问题，有利于及时有针对性地制定相应的控制措施，有的放矢地进行控制，这个过程实质上就是对风险进行评估和对可能出现的错误进行预计或设想的过程。

（五）设置内部控制的关键点

企业的内部会计控制受成本效益原则的制约，不可能做到面面俱到。因此，只有抓住关键的控制环节才能建立起有效的内部会计控制制度。关键的控制点是企业业务流程和经营活动中容易产生风险的环节。抓住每个循环的关键点，也就抓住了内部控制的核心，最终据此形成企业内部会计控制的文字性规范，从而使内部会计控制成为企业各部门和企业员工的行为规范和业务操作指南，也是各部门人员相互监督的依据。

第二节　采购与付款循环的内部控制

一、采购与付款循环内部会计控制目标

采购与付款循环的基本控制目标是：规范采购与付款行为，防范采购与付款过程中的差错与舞弊行为，提高采购活动的经济效益。为了实现这个目标，商品或劳务应该满足生产销售的需求，并在一个合适的时间范围内以最合理的价格获得，确保企业对已采购的和企业有效运营所必需的商品或劳务承担责任，准确地反映企业对外的负债情况，保证应付款项的真实、合理以及授权支付，合理揭示采购业务中所享有的折扣与折让等。

二、采购与付款循环的业务流程与信息流程

（一）采购与付款循环的业务流程

采购与付款循环的业务流程包括与商品和劳务的采购有关的所有活动。这些业务活动的最终结果会反映到存货总分类账和相应明细分类账中。大型制造业企业的采购与付款循环的业务流程一般包括五个环节：

1. 请购

企业生产或管理部门根据生产经营需要和仓储情况，按照采购预算或采购计划提出请求采购的申请。审批人按照相关规定对请购单作出审批。

2. 订货

采购部门依据经批准的请购单向符合信用标准的供货商采购订货。

3. 验收

采购的物资抵达后，应按照订单或合同进行验收，并在验收单上记录验收的情况，确保实际收到的商品与订单或合同规定相一致。然后将物资运送到商店或工厂车间。

4. 付款

财会部门收到供货商转来的发票及银行的结算凭证后，认真地检查发票的详细内容，并与入库单、订货单核对一致后办理付款结算手续，支付货款。

5. 记账

财会人员根据上述有关原始凭证，及时编制记账凭证并据以登记总账、明细账和相关账簿。

（二）采购与付款循环的信息流程

按照上述业务流程，采购与付款循环应设计相应格式的单证和单证的流动程序，以反映动态的信息流程。这些单证主要有九种：

1. 请购单

企业按照采购计划或采购预算，由仓储部门或领用部门根据需要提出并填写请购单，经过各部门负责人批准后，递交给采购部门，作为申请购买商品、劳务或其他资产的书面凭证。

2. 购货订单

购货订单是由采购部门和供应商共同签订，说明购买指定物资的书面凭证，也称采购合

同。购货订单应当包括如下信息：采购数量、规格、价格及相关费用、结算方式和期限等。

3. 验收单

验收单，也称入库单，是由仓储部门或收货部门在收到货物时，进行验收和检验所编制的凭证。验收单一式四联（或一式多联）：一联给仓储部门；一联给采购部门用于与订单核对；一联给财会部门用于与发票核对；一联留存。

4. 供应商发票

供应商发票是由供应商开具，交给买方以证明提供货物等事项的凭证。财会部门收到后，将其与验收单、订单等核对一致，据此记账并办理结算手续。

5. 付款凭单

付款凭单是由财会部门根据订单、验收单和发票编制的授权证明文件。付款凭单供内部使用，是记录采购业务的基础，也是付款的基础。

6. 转账凭证和付款凭证

转账凭证和付款凭证是财会部门根据上述各种原始凭证编制的、记录企业采购业务和付款业务的记账凭证。

7. 材料采购和应付账款明细账

材料采购和应付账款明细账是财会部门根据验收单、供应商发票及记账凭证记录采购明细账，根据应付款项变化的情况记录明细分类账。

8. 现金和银行存款日记账

现金和银行存款日记账对于用支票结算的，应记录银行存款日记账；对于用现金结算的，应记录现金日记账。记录依据是付款凭单、支票存根及付款记账凭证。

9. 对账单

对账单是用来核对交易双方债权债务的单据，一般由供应商提供，需要买方核实确认。

三、采购与付款循环内部会计控制的具体要点

（一）常见的错弊

采购与付款循环常见的弊端主要有以下几方面，这些错弊如果不加以合理控制可能会导致采购成本上升，现金大量流失，甚至财物被侵吞。

1. 盲目采购或采购不及时

采购部门或人员没有按照采购计划或请购单进行采购，造成超储积压或供应脱节。其

原因：一方面可能是控制制度不健全，对需求和市场估计不足；另一方面可能是采购人员故意所为，以满足个人私利。

2. 采购中价格不实

由于采购价格不透明，采购人员在采购时接受各种形式的回扣是较为普遍的现象，这就导致采购价格虚高，虚开发票，截留资金，采购质量难以保证。

3. 验收不严格

验收人员不认真核对采购物资的质量和数量或对验收时发现的问题未能及时报告。其原因主要是验收人员玩忽职守、对控制制度认识不足，存在以少报多、以次充好、人情过关等现象，也容易诱发采购人员舞弊。

4. 付款控制不严格

采购结算时，审核不严或单证不齐就付款，或应付账款管理混乱，导致重复付款、货款流失。

（二）采购与付款循环内部会计控制的要点

采购与付款的内部会计控制涉及采购、验收、储存、财会等众多部门，健全、有效的采购与付款的内部会计控制应包括以下内容：

（1）采购、验收、储存、会计与财务部门在人员安排及职责分工等方面应相互独立、实行不相容岗位的相互分离。采购与付款应经上述部门进行相应的确认或批准。

（2）一切购货业务，应编制购货订单，购货订单应通过采购及有关部门如生产、销售等部门的签单批准。订单的副本应及时提交会计、财务部门。

（3）收到货物并验收后，应编制验收单，验收单必须按顺序编号，验收单的副本应及时送交采购、会计部门。

（4）收到供货商的发票后，应及时送给采购部门，采购部门将发票与购货订单及验收单比较，确认货物种类、数量、价格、折扣条件、付款金额及支付方式是否相符。

（5）会计部门将收到的购货发票、验收单、结算凭证与购货订单、购货合同等进行复核，检查其真实性、合法性、合规性和正确性。

（6）实行付款凭单制。有关现金支付须经采购部门填制应付凭单，并经各有关部门及人员授权批准后方可支付货款。

（7）已确认的负债都应及时支付，以便按规定获得现金折扣，维护同供应商的良好关系，增强企业信用。

（8）应付账款总分类账和明细分类账应按月结账，并且相互核对，出现差异时应编制调节表进行调节。

(9) 按月向供货商取得对账单，将其与应付账款明细账或未付凭单明细表相互核对，如有差异应进行调节，并查明发生差异的原因。

同时，企业应当建立预付账款和定金的授权批准制度，加强预付账款和定金的管理。应付账款和应付票据应由专人按约定的付款日期、折扣条件等进行管理，已到期的应付账款须经有关授权人员审批后方可办理结算与支付。企业也应当建立退货管理制度，对退货条件、手续、货物出库、退货货款的收回等作出明确规定，及时收回退货款。

(三) 请购的具体内部会计控制

企业应当建立采购申请制度，依据购置的物资或劳务类型等，确定归口管理部门，授予相应的请购权，并明确相关部门或人员的职责权限及相应的请购程序。

企业可以有各种不同的请购制度，并根据不同的请购内容采用相应的控制程序和控制制度。请购环节主要关注采购申请控制和审批控制两方面的控制。企业要按照以销定产和库存合理的原则，根据预算和实际需要及时请购，超过一定金额的采购需求必须由采购部门统一进行，领用部门不得自行采购；审批人员根据职责、权限和程序对采购申请进行审批。对不符合规定的采购申请，审批人应要求请购人员调整采购内容或拒绝批准。

具体来说，采购决策制定后，随着三联请购单的编制，采购与付款循环从仓储或生产部门开始。请购单是由仓储或生产人员向采购部门作出的一个内部书面的关于商品和劳务采购的请求书，第一联发给采购部门，第二联发给付款部门以便将来核对，而仓储部门保留第三联，以便与采购部门的购货订单和收货部门的验收单核对。

在制造业企业里，请购单最初是由仓库经理、个别使用部门或者生产部门形成的。在这些部门里只有特定人员可以申购，而且在许多情况下都有一个上限（按金额计），超过限制就要获得上级的批准。

由于请购单来自各个部门，每份请购单必须由相关部门的主管人员签名。请购单一般不预先编号，因为它们是从企业里众多的部门中形成的。

如果由计算机保存存货记录，企业通常的做法是设计一个程序，当存货水平降低到一定数量或者达到了一定生产水平，计算机就能自动地生成请购单；还可以用同样的程序自动地记录与采购有关的负债和费用。

企业请购的各相关部门应该加强对请购需求的审核、管理，确保请购需求的依据充分、要求合理，请购单填制正确，同时，还要加强采购预算管理。对于预算内采购项目，具有请购权的部门应严格按照预算执行进度办理请购手续；对于超预算和预算外采购项目，应当明确审批权限，由审批人员根据其职责权限以及实际需要等对请购申请进行审批。

（四）订购的具体内部会计控制

订购是以审批过的请购为依据实施采购的过程。在这一过程中，要决定供应商、采购价格、签订购货合同等重要事项，是整个采购业务的关键控制环节。企业应当建立采购环节的管理制度，对采购方式的确定、供应商的选择等作出明确规定，确保采购过程的透明化。

1. 供应商控制

对于大多数的企业来说，通常都有许多核准的供货商。企业应通过一定的选择标准确定供应商，包括建立供应商选择标准、供应商选择机制和供应商选择程序。既要考察供应商的信用状况，更要从企业的战略角度出发，考虑物资供应的长期、稳定性。企业应当充分了解和掌握供应商的信誉、供货能力等有关情况，采取由采购、使用等部门共同参与比质比价的程序，并按规定的授权批准程序确定供应商。

2. 购货订单控制

请购一旦批准，就可以用请购单来编制预先编号的多联购货订单。购货订单是从一个企业向另一个企业发出的购买货物和劳务的书面要约。购货订单只能在采购部门确信他们可以从有信用的供货商那里获得有利条款的货物之后签订。多联的购货订单应该包含所有要顺利完成订单所需的信息（如数量、品名、价格、条款、地址和发货说明等）。企业至少应该编制五联的购货订单：第一联给供应商，而其他几联给付款部门、仓储部门和收货部门。第五联应由购货部门保留，用来与收货单核对。需要注意的是，在大多数企业里通常的做法是从收货部门的购货订单联上删去订货的数量，由此促使收货人员认真盘点收到的货物。在计算机操作系统中，可以在计算机里保存公开的购货订单文件。此文件可以在后续步骤用来与验收单据核对是否一致。

购货订单是授权执行并记录经济业务的凭据，因此对它的控制非常重要。主要有：每份订单都要预先编号，以确保日后能完整保存和进行会计处理；在订单发出前，必须有专人检查订单是否得到授权人的签字以及是否存在核准的请购单作为凭证，以确保订单的有效；由专人复查订单的编制过程和内容，以保证订单的正确性；订单的副本应提交请购部门以证实订单内容符合他们的要求，同时提交收货部门以便于他们掌握验收标准。

3. 采购价格控制

企业还可以采用订货合同、直接采购等方式进行采购。采购订单或合同中，价格是最容易出现问题的部分。采购价格控制同样要从定价标准、机构、程序、授权与批准等方面进行控制。确定采购价格要经过询价、比价、议价和定价等程序。定价可以分别采用议定、公开市场确定、招标定价等方式。

4. 采购时间和数量控制

从请购到采购物资入库所经历的期间为采购时间。对采购时间的控制，主要是防止生产停工待料，或存货过多闲置造成资金浪费。企业还要根据资金周转情况和利率、储存成本和费用、采购价格优惠、消耗方式以及缺货风险等，科学计算和决策最佳经济采购批量。采购部门应运用经济批量法进行采购，并将采购数量与时间及时通知仓储和生产部门。

（五）验收的具体内部会计控制

为了达到控制目的，货物的验收应由独立于请购、采购和财会部门的人来承担。收到货物后，应将供货商的发货单和收货部门的购货订单联核对一致。验收主要从凭证审核、数量检验和质量检验等方面进行。收货控制具有双重作用，既要控制采购环节的业务活动，也要控制存货的管理工作。

收货部门的控制责任主要在收到货物的质量和数量方面。收货部门具有收货、盘点、验收和接收货物的权利。收到的货物应该被临时地储存在指定的区域，保持控制并有助于执行以上的各种检查。任何购货订单和收到的货物之间的差异都应该在购货订单和供货商的发货单上注明，并且得到发货人的认可。记录了收货的数量后，签名的购货订单联就可以作为验收单，或者单独编制预先编号的多联验收单。收货部门要在收到货物时编制验收单，注明从供货商那里收到货物的数量、种类和状态。

无论使用哪种方法，验收单的第一联，连同供货商的发货单应送到财会部门，这联表明货物已经收到，因此要记录相应负债；验收单的第二联应由收货部门保留，用来与收货部门的购货订单联核对一致；验收单的第三联发回购货部门，用以通知他们所订货物已收到；验收单的第四联连同货物应该送到仓储部门或生产部门，第四联应该与仓储部门或生产部门的请购单和购货订单联核对一致，核对一致后，要更新存货卡片。完成了收货、盘点和验收后，采购的存货可以运送到仓储部门或直接送到工厂。

对于验收过程中发现的异常情况，负责验收的部门或人员应当立即向有关部门报告，有关部门应查明原因，及时处理。

在某些控制制度中，提交收货部门的购货订单副本中的数量常常被删去，以便提高收货人独立确定数量的可能性，防止收货人不经检验就根据购货订单上的数量来填制作为其检验结果的控制文件——验收单；而有些控制制度则要求两个收货人在验收单上签字来防止这种情况的发生。

（六）付款的具体内部会计控制

1. 应付账款入账前的审核与控制

应付账款是企业购买材料、商品、物资或接受劳务等而应付给供应商的款项。应付账款的真实性对企业财务状况有较大的影响。同时，债务人的应付账款即为债权人的应收账款，任何应付账款的不正确记录和不按时偿还债务，都会导致债权人和债务人的债务纠纷。所以，应加强应付账款的管理和内部会计控制。应付账款的内部会计控制制度主要包括以下内容：

（1）应付账款必须由专人管理

应付账款的管理和记录必须由独立于请购、采购、验收、付款职能以外的人员专门负责，实行不相容岗位的分离。应当按付款日期、折扣条件等规定管理应付账款，以保证采购付款内部控制的有效实施，防止欺诈、舞弊及差错的发生。

（2）应付账款的确认和计量必须真实可靠

应付账款的确认和计量必须根据审核无误的各种必要的原始凭证。这些凭证主要是供应商开具的发票，验收部门的验收单、银行转来的结算凭证等。负责应付账款管理的人员必须审核这些原始凭证的真实性、合法性、完整性、合规性及正确性。

（3）应付账款必须及时登记

负责应付账款记录的人员应当根据审核无误的原始凭证及时登记应付账款明细账。应付账款明细账应该分别按照供应商进行明细核算，在此基础上还可以进一步按购货合同进行明细核算。

（4）应付账款必须及时冲抵预付账款

企业在收到供应商开具的发票后，应该及时冲抵预付账款。

（5）正确确认、计量和记录折扣与折让

企业应当将可享受的折扣和可取得的折让按规定的条件加以确认、计量和记录，以确定实际支付款项的正确，防止企业可获得折扣和折让被隐匿和私吞。

（6）应付账款的授权支付

已到期的应付账款应当及时支付，但必须经有关的授权人员审批后才能办理结算与支付。

（7）应付账款的结转

应付账款总分类账和明细分类账应按月结账，并且相互核对，出现差异时应编制调节表进行调节。

（8）应付账款的检查

按月向供货商索取对账单，将其与应付账款明细账或未付凭单明细表相互核对，如有差异应编制调节表调节并查明发生差异的原因。如果追查结果表明本企业无会计记录错误，则应及时与债权人取得联系，以便调整差异。向供应商索取对账单并进行核对调节的工作应当由会计负责人或其授权的、独立于登记应付账款明细账的人员办理，以贯彻内部牵制原则。

具体来说，就是从供货商那里收到发票后，应该马上签收，然后与请购单、购货订单和验收单的会计联核对一致。这种签收的过程，可以对交易过程的所有细节进行独立检查。

2. 应付账款支付的审核与控制

付款控制侧重于现金流控制。从手段上看，有流程控制、组织控制、岗位控制、凭证控制及制度控制；从内容上看，有零星采购备用金控制、款项支付控制、应付账款登记控制及现金折扣控制等。付款环节涉及供应商、采购、验收、仓储等职能部门及财会部门。

付款环节的控制流程主要表现为债权人请款、负责人审批、财会部门主管审核、与供应商对账、出纳付款等。企业应根据自身特点，安排适合企业经营管理的控制流程，并控制该流程的有效实施。

企业财会部门在办理付款业务时，应当对购货发票、结算凭证、验收单等相关凭证的真实性、完整性、合法性及合规性进行严格审核。符合要求的凭证才能据以付款，对于审核中发现不真实、不合法的原始凭证有权不予接受，并报告企业负责人；对于记载不准确、不完整的原始凭证予以退回，并要求有关经济业务事项的经办人按国家统一会计制度的规定更正、补充，待手续完备后再予以办理。

付款的具体控制制度主要有以下三个方面：

（1）防止未批准的款项支付

在付款前，付款人要仔细检查付款凭证是否经授权人批准，任何付款都必须经财务主管签字。对于现金支付，首先要检查发票上是否有“付讫”的字样，防止二次支付；然后检查是否具有经审核的验收单。对支票付款，要注意对支票本身的控制，签发的支票由签字人本人寄送，不得让核准或处理付款的人接触；未签发的支票要安全保管；作废的支票应予以注销，防止重复开具。

（2）确认的负债要及时支付

以获得现金折扣的好处，与供应商维持良好的信用关系。财会部门要定期检查应付账款明细账及有关文件，防止失去可能的现金折扣。有的企业为了控制负债的及时支付，将应得到但未获得的现金折扣作为一项费用来处理，以加强会计部门的财务管理。

（3）正确付款和记录

在付款前，应复核发票上的数量、价格和合计数以及折扣条件。对于因退货或折让而造成的应付账款借项，在良好的控制制度下，也可于未收到供应商的贷项通知单之前，从付款金额中扣除。

3. 应付账款支付的控制方法

应付账款支付的控制方法有明细账余额付款法和凭单付款法，即一票一付两种情况。

应付账款的支付方法有余额付款法和一票一付法两种方法。

（1）余额付款法

所谓的余额付款法，是直接根据每个供应商应付账款明细账上的余额付款的方法。采用这种支付方法的最大优点是比较简单。但是，根据应付账款余额支付的最大不利之处在于，支付货款时，不再检查核对相关的供应商发票、送货单、验收单等有关原始文件，实际支付的应付账款和发票账单之间，以及采购商品的实际入库情况之间不存在一一对应关系，一旦发生差错或者付款纠纷，查找对账很困难，甚至根本不可能查找对账。

此外，如果对应付账款的入账源头把关不严，就有可能发生应付账款付过头的现象，也有可能导致内外勾结、以虚假的发票计入应付账款、套取虚假货款却没有收到商品，使企业蒙受损失。

在余额付款法下，应付账款明细账的管理和应付账款的授权支付应当分别由不同的人来承担，授权人员综合考虑企业的付款政策、供应商的具体情况等因素以后，确定在什么时候、向哪个供应商、支付多少应付账款。一旦确定了应付账款的支付对象及支付金额以后，授权人员应当签发付款通知书。

付款通知书一式四联：一联由授权人员留存；一联作为付款通知书与有关支票或者其他支付凭证送交供应商；一联作为出纳员签发支票或者其他付款凭证的依据，出纳员据此登记银行存款日记账；一联由分管应付账款明细账的会计员作为登记应付账款明细账减少的依据。

如果应付账款是根据供应商应付账款余额支付，而不是根据每一份购货发票支付的，那么，负责管理应付账款的会计人员在准备支付应付账款时，应当事先编制一份应付账款支付明细表，将所有支付的供应商对象和相关的供货发票情况罗列清楚。该明细表一式两份，一份送交出纳员，另一份送交可以有权签名支付货款的授权人员。出纳员对付款明细表的内容审核无误后填写支票，但是无权签名付款。随后，出纳员将准备就绪的支票再送交至有关授权人员，该授权人员对付款明细表审核无误后，在出纳员准备就绪的发票上签名，支付货款。

余额付款法的付款控制过程，由3个当事人组成，管理应付账款的会计人员负责提出付款请求，并准备证明付款合理性的相关文件，随后进行双重审查；由出纳员审查付款的准确性，并准备好付款的支票；由授权人员审查付款的合理性，并在支票上签名付款。在这种控制程序中，会计人员、出纳员和授权人员的责任分工既有利于减少工作中差错的可能性，也有利于防止付款过程中舞弊行为的发生。

（2）一票一付法

为了克服余额付款法的弊端，可以建立一种一票一付的应付账款明细分类账体系。这一体系的操作思路归纳如下：多证相符→一票一账→逐行登记→同行注销。

多证相符是指严格控制应付账款的入账源头，只有发票、送货单、验收单几证相符的采购业务才可以登记应付账款明细账，缺少其中任何一种单据都不得登记应付账款。

一票一账是指对每一个供应商发生的每一笔采购业务，在多证相符的情况下，编制一张记账凭证，在应付账款明细账中登记一笔账。

逐行登记是指由于对某一供应商的商品采购而发生的应付账款在该供应商的应付明细账中逐行序时登记。

同行注销是指应付账款的支付不是根据某一供应商应付账款明细账的余额，而是根据已经入账的每笔应付账款的发票金额支付应付账款，一笔应付账款支付以后，支付的应付账款应当在与发生的相关应付账款的同一行内予以注销。每一行借方登记的应付账款支付数不超过同行贷方已经登记的应付账款发生数。

在这种付款制度下，应付账款的支付由专人审核有关供应商发票、送货单、验收单等原始单据以后才可以签发应付账款支付单。应付账款支付单一式四联：第一联由签发人留存；第二联作为出纳签发支票或者其他支付方法支付货款的依据；第三联与支票存根或者其他支付凭证一起作为应付账款记账员登记应付账款减少的依据；第四联作为付款通知书与支票或者有关付款结算凭证送交供应商。

如果使用计算机系统，“应付账款支付单”可以直接由授权人员输入系统，“应付账款支付单”上的详细情况被记录在计算机里面，同时将“应付账款支付单”的详细信息输入购货业务文件。购货文件中包括所有与这一“应付账款支付单”相关的商品发票、送货单、验收单等情况，购货文件对“应付账款支付单”的信息与原有的信息自动核对无误后，通过授权同意支付，同时更新购货文件中的应付账款明细账和有关总分类账。

如果企业采用的是一票一付应付账款的付款体系，则付款的依据是授权批准的应付账款支付单，具体过程在此不再重复。月末在计算机系统中，所有已经支付的应付账款，其发票、送货单、验收单、付款通知书等应当另外形成“已经付款文件”。未支付的应付账款，其发票、送货单、验收单等应当另外形成“未经付款文件”，它们的合计应当与应付账款总分类账中的金额核对相符。

为了满足一票一付法的核算需要，应付账款明细账的格式要做相应的调整。在一票一付法下，所有与应付账款有关的单据实际上都进行了二次审核，即应付账款入账时审核了一次，应付账款支付时又审核了一次，而且应付账款贷方登记的实际支付金额不能超过同行借方实际登记的发生数，这样就能够充分保证应付账款记录和支付的准确性，同时防止支付过程中的舞弊行为。

（3）支票准备和签名

不管采用什么样的形式向供应商支付货款，在支票准备和签名上必须严格予以控制，这一类控制至少应当包括下列内容：

支票应当事先编号。支票由出纳员负责保管并按照填写要求进行填写。只有在证明付款合理性的所有原始文件都具备的条件下出纳员才有权利签发支票。支票签发至少要二次复核签名，第一次复核的资料由应付账款会计员或者凭单登记员提供，第二次复核在第一次复核的基础上进行。一旦支票被支付，所有与支付相关的原始凭证上都要盖上“已支付”的印章。

支票一旦签发，具有法定付款效力以后，应当立即直接送交授权收款的人员，签发准备支票的出纳员和授权签名的授权人员就不能再接触这张支票。

4. 应付账款的对账

应付账款的对账工作由以下两方面的内容组成：

首先，将应付账款明细账与应付账款总账核对，做到账账相符。如果根据应付账款余额付款方法支付货款，应当将应付账款明细分类账与应付账款总分类账核对相符，如发生差异，及时查明原因并采取相应的处理措施。采用一票一付付款的对账方法基本上与余额付款法一样，只是应付账款明细账上的余额计算稍微复杂一些。

其次，将库存商品二级明细分类账、三级明细分类账、库存商品卡片账定期核对相符，做到账账相符、账实相符。

（七）采购与付款循环内部控制的监督检查

企业应当建立采购与付款循环定期或不定期的监督检查制度，包括岗位与人员设置情况、授权批准制度的执行情况、验收制度的执行情况、应付账款和预付账款的管理、相关单据凭证的使用保管情况等。监督检查机构或人员通过实施符合性测试和实质性测试，检查采购与付款循环内部会计控制制度是否健全，各项规定是否得到有效的执行。评价主要以企业战略和企业预算为标准，包括对采购价格与成本标准的评价，采购物资与质量标准、与采购物流标准、与采购组织标准等不同的总体层次进行的评价。

第三节　存货与生产循环的内部控制

存货是企业的一项重要的流动资产，主要是指企业在日常生产经营过程中持有准备出售，或处在生产过程中，或在生产经营提供劳务等过程中耗用的原材料等。存货与生产循环的控制，对企业恰当反映财务状况和经营成果有重要影响。

一、存货与生产循环的内部会计控制目标

存货与生产循环的主要控制目标是确保存货安全，生产可控而且是按成本效益原则运作。一般来说，存货与生产循环具体控制目标有：生产是根据企业的授权进行的，成本的记录是真实合法的，所有的耗费都及时地计入了成本，保护存货资产安全完整，提高存货运营效率，保证实际的存货与账面存货相符，防范存货业务中的差错和舞弊。

二、存货与生产循环的业务流程及信息流程

（一）业务流程

存货与生产循环包括原材料入库、原材料保管、车间领用原材料、车间对原材料进行加工、产品完工、产品销售出库等环节。产品加工过程的性质决定了企业是在按分批法核算产品成本，还是按分步法核算产品成本。存货与生产循环的内部控制涉及许多相关的业务循环。制造业企业的存货与生产循环的业务流程一般包括七个环节：

1. 储存保管

仓储部门对验收入库的存货应按品种数量进行登记入账，对各种类型存货的摆放、收发等情况按流程登记。

2. 计划生产

通常，企业根据客户订单，或者基于历年销售，或者其他信息的预测情况安排生产，

并利用这些信息编制成生产预算和随后的生产计划。企业生产计划部门制订生产计划，并交由被授权领导审批，经审批后安排生产部门进行生产。授权生产时应签发预先编号的生产通知单。

3. 存货的领用和发出

领用生产所需的原材料时，生产部门根据生产计划部门下发的生产通知单确定物料需求，填制领料单，报部门经理批准后，送仓储部门据以发货。仓储部门应按照批准的领料单将原材料发送到生产部门。

4. 开始生产

生产车间根据批准的生产通知单或其他方式组织生产，生产部门在收到生产通知单并领取原材料后，将生产任务分解到每一个生产工人，并按任务将原材料分配给生产工人，据以进行生产加工。

5. 成本核算

为了准确地计算产品成本，企业应按照一致性原则归集所发生的所有与产品生产有关的成本，产品的成本不仅包括原材料，还包括人工费用和其他费用。企业应当将材料费用和人工费用记录在相应的在产品账户或者成本中心。制造费用集中计入相应的成本中心后，及时分配计入在产品账户。

企业对所有的生产成本（直接和间接的）进行适当的分类，一般分为直接材料、直接人工、制造费用，即通常所说的料、工、费。企业对原材料的领用、在产品的生产过程、半成品的形成过程、产成品的完工都要有详细的记录和控制。

6. 产成品入库

完工的产品应及时交生产部门清点后转检验员验收并办理入库手续，或是将产品移交下一部门进一步加工，并在存货记录中准确地记录所有的产成品。产成品入库须由仓储部门先进行清点、检验并签收，然后将实际数量通知财会部门。包括产成品在内的所有存货入库后，仓储部门都要根据各类存货的不同性质，分门别类存放，并加以标识；保管人员根据入库单详细填写仓库货物登记簿并建立台账，及时掌握和反映产、销、供、耗、存情况，以便日后与供、销、财会等部门核对，保证账实、账卡相符。对于有毒、易燃、易爆等危险物品，要严格按照国家规定妥善保管。

7. 存货的盘存和计价

企业应定期对存货进行实地盘点，核实存货数量，并与存货记录核对一致，保证各项存货免受未经授权的使用或转移。在盘点时发现存货盘盈、盘亏的，应及时查明原因，分清责任，填写存货清查盘盈盘亏报告表，并及时送交相关部门。

（二）信息流程

存货与生产循环中的信息流程包括原材料加工，支付职工薪酬和其他人工费用（如福利费、社会保险等）、发生的制造费用（如固定资产折旧、车间管理人员工资等）。只有把握住存货与生产循环单证控制环节，才能了解整个循环的活动轨迹，有效降低经营活动风险。在这一信息流程中涉及的单证主要有九类：

1. 入库单

企业在自制存货完成后，生产部门应编制入库单，交给仓储部门、财会部门、生产部门分别持有。入库单应连续编号。

2. 领发料凭证

领发料凭证是企业为控制材料发出所采用的各种凭证，如材料发出汇总表、领料单、限额领料单、领料登记簿、选料单等。仓库保管人员对存货实行簿记管理，在保管单中详细记录存货的名称、规格、数量等信息。

存货出库时，应以生产或销售部门的领料单或出库单为依据。仓库保管人员确认单据的真实性后，按照核准的数量、品种发出存货，这一过程最好由两人共同完成。领料单应连续编号。

3. 生产通知单

生产通知单是企业生产计划部下达的制造产品等生产任务的书面文件，用以通知生产部门组织产品的生产，供应部门组织材料的发放，财会部门组织成本的计算。生产通知单要预先连续编号。

4. 产量和工时记录

产量和工时记录是登记工人或生产班组在出勤日内完成的产品数量、质量和生产这些产品所耗费工时数量的原始记录。常见的产量和工时记录有工作通知单、工序进程单、产量通知单、工作班组产量报告、产量明细表、废品通知单等。

5. 工资汇总表和人工费用分配表

工资汇总表是进行工资费用分配的依据。它是为了反映单位全部工资的结算情况，并据以进行工资结算、总分类核算和汇总整个单位的工资费用而编制的。人工费用分配表反映了各生产车间和产品应负担的生产工人工资及福利费。

6. 材料费用分配表

材料费用分配表是用来汇总、反映各生产车间和各产品所耗费的材料费用的原始记录。

7. 制造费用分配表

制造费用分配表是用来汇总反映各生产车间和各产品所应负担的制造费用的原始记录。

8. 成本计算单

成本计算单是用来归集某一成本计算对象所承担的生产费用，计算该成本计算对象的总成本和单位成本的记录。

9. 其他

仓库控制的主要单据还有存货分类表、各部门使用情况统计表、存货盘点表、存货保管成本记录单等。

以上信息流程，还会涉及如下账户：原材料总分类账户以及相应的明细分类账，在产品、人工费用、制造费用总分类账户以及相应的明细分类账，差异账户，产成品总分类账户以及相应的明细分类账。

三、存货与生产循环内部会计控制的具体要点

（一）常见的错弊

1. 保管不善

保管不善是指没有指派专人对存货等资产进行严格的保管，使得不能及时发现存货的毁损变质等情况，缺乏相应的监督程序，导致账面记录的存货价值已经不能反映真实情况。

2. 收发控制不严

收发控制不严是指收发存货没有经过严格的授权审批控制，具有很大的随意性，出现多发或少发，或者没有通知会计部门及时记录，导致资产损失、账实不符。

3. 成本核算有误

成本核算有误是指对存货等资产的领用没有分类核算，导致相应的支出不能正确计入成本；成本核算缺少必要的复核，不能及时发现计算中出现的失误；虚列费用与支出，从而调节当年销售成本，操纵利润。

4. 销售成本结转不实

销售成本结转不实是指部分会计人员不能将成本在产品和完工产品之间进行正确划分，或者人为调节在产品和完工产品之间的划分比例，导致结转的销售成本不实，利润不实。

（二）存货与生产循环内部会计控制要点

1. 存货发出的内部会计控制

单位应当加强对存货领用与发出的控制。单位内部各业务部门因生产、管理、基本建设等需要领用原材料等存货的，应当履行审批手续，填制领料凭证。单位对外捐赠存货，应当履行审批手续，签订捐赠协议。捐赠对象应当明确，捐赠方式应当合理，捐赠程序应当可监督检查。单位运用存货进行对外投资，应当履行审批手续，并与投资合同或协议等核对一致。各单位应当建立存货处置环节的控制制度，明确存货处置的范围、标准、程序、审批权限和责任。单位处置残、次、冷、背存货，应由仓储、质检、生产和财会等部门共同提出处置方案，经单位负责人或其授权人员批准后实施。单位应当组织相关部门或人员对存货的处置方式、处置价格等进行审核，重点审核处置方式是否适当，处置价格是否合理，处置价款是否及时、足额收取并入账。单位应当建立健全存货取得、验收、入库、保管、领用、发出及处置等各环节凭证、资料的保管制度，并定期与财会部门核对，发现问题，及时处理。

厂部计划部门一旦批准了某种产品的生产，应当编制生产通知单，生产通知单一式三联：一联由签发部门留存；一联转交生产车间，作为车间组织生产的依据；一联交仓储部门，作为仓储部门发料的依据。

生产车间在领用原材料时必须填制领料单，领料单要列示所需的材料种类和数量，以及领料部门的名称。领料单可以一料一单，也可以一单多料，通常需一式三联。仓库部门核对生产通知单以后向车间发料，领料单的一联连同材料交还领料部门，其余两联经仓库登记材料明细账后，送财会部门进行材料收发核算和成本核算。

2. 存货在生产过程中的内部会计控制

为了正确地核算产品成本，对在产品进行有效的控制，必须建立、健全成本会计制度，将生产控制和成本核算有机结合起来：一方面，生产过程中的各种记录，如生产通知单、领料单、计工单、入库单等都要汇集到财会部门，由其对它们进行审查和核对，了解和控制生产过程中的实物流转；另一方面，财会部门要设置相应的会计账户，会同有关部门对生产成本进行核算和控制。完善的成本会计制度应该提供有关原材料转为在产品、在产品转为产成品，以及按成本中心或分批生产任务通知单对生产过程中消耗的材料、人工和间接费用的归集和分配的详细资料。

（1）生产成本控制的业务环节

企业应建立相应的生产成本控制制度，加强对生产成本的控制，降低生产成本；同时，应保证生产成本信息的准确可靠，为改进成本控制方法、进行成本控制决策提供信息。生产成本业务主要由生产部门负责。同时，还涉及计划、劳资和财会部门。

生产过程中发生的生产成本就经济性质方面看，主要包括外购材料、外购燃料及动力、工资和福利费及折旧支出等。业务程序一般经历以下环节：

第一，企业技术部门会同生产成本发生部门制定材料、动力等费用的消耗定额与开支标准。消耗定额与开支标准的作用有三点：首先，它们是编制生产成本计划，并将费用指标分解落实到生产成本具体发生部门的依据；其次，它们是企业日常运作过程中管理当局控制各项生产成本的依据；最后，它们是计划和财会部门分析成本差异的依据。

第二，用料部门根据生产计划和消耗定额填制领料单，经部门主管人员审核签字后，据以领料；各个部门考核人员作出考勤和产量记录，经由各个部门负责人员审核签字后，送交财会部门，作为计算工资、提取福利费及分配工资费用的依据；车间核算人员记录动力消耗情况，经过主管人员审核签字后作为分配动力消耗费用的依据。

第三，财会部门根据各部门经审核签字后的各项费用开支凭证，结合各部门费用限额办理各项费用的结算业务，同时汇集各项生产成本的原始记录进行审核汇总，并按照生产成本的经济用途计入有关账簿。

（2）生产成本的控制措施

为保证单位生产成本业务会计核算资料准确可靠，保证生产成本业务合法合规，保证生产成本支出经济合理，保证生产成本计价正确真实，企业应根据生产成本业务的特点以及生产经营对生产成本管理的要求，采取以下相应的控制措施：

第一，为保证生产成本业务符合授权要求，保证生产费用支出经济合理，企业各车间和职能部门需要开支的各项费用，在由专人填制有关凭证后，要经过车间或部门负责人员进行审查批准。对于超出限额或预算的费用开支则由上级主管人员审查批准。

第二，为保证生产成本业务合规合法，保证生产成本业务核算准确，企业仓库保管人员应认真复核经过批准的领料单的领料数量是否超过限额、手续是否齐全，再在领料单上签章并据以发放材料；劳资部门复核车间和其他职能部门转来的考勤记录、产量记录等原始记录后，签发由财会部门提供的工资结算单；财会部门检查各种以货币资金形式支付的综合性费用支出是否超过限额或预算、手续是否齐全后，办理货币资金结算。超过计划或预算的费用开支，应检查是否经过适当的批准手续。

第三，为保证生产成本业务记录有效，保证生产成本业务核算准确，企业财会部门有关人员应分别审查由采购、劳资等部门转来的各项费用开支原始凭证及转账凭证基本要素的完整性、处理手续的完备性、经济要素的合法性、计算要素的正确性，并签字盖章以示审核。

第四，为保证证证、证表相符，保证生产成本业务记录完整及账务处理正确，企业在记账前，稽核人员审核材料发出汇总表、工资结算汇总表、固定资产折旧计算表及其他费用支出原始凭证基本要素的完整性、处理手续的完备性、经济要素的合规合法性、计算要素的正确性；审核转账凭证基本要素的完整性、处理手续的完备性、其所反映的费用归集要素和金额与原始凭证的一致性，并签字盖章以示稽核。

第五，为保证生产成本业务有据可查，保证生产成本业务账簿之间相互制约和及时提供准确的生产成本核算信息，企业生产成本明细账主管会计根据原始凭证或记账凭证及时登记生产成本等明细账，登记完毕后，核对其发生额与原始凭证或记账凭证的合计金额，并签字盖章以示登记。生产成本总账会计根据记账凭证登记生产成本总账，登记完毕后，核对其发生额与记账凭证的合计金额，并签字盖章以示登记。

第六，为保证账账相符，保证生产成本业务账务处理正确及会计资料准确，企业应在稽核人员监督下，生产成本明细账主管会计与生产成本总账会计定期核对生产成本明细账与生产成本总账的发生额和余额，并相互取得对方签证以示对账。

3. 成本核算系统的内部控制制度

（1）建立产品成本的核算制度

产品成本的核算制度，是指将一定期间的生产费用，按各种产品进行归集，并在完工产品和在产品之间进行分配，以求得各种完工产品总成本和单位成本的制度。产品成本核算制度包括以下内容：

第一，确定成本计算对象。成本计算对象是指为了归集和分配生产费用进行成本计算而确定的生产费用的承担者。包括产品品种、产品加工步骤、产品批别等。确定成本计算对象时，应考虑生产类型的特点和成本管理的要求。

第二，设置成本核算项目。成本核算项目一般包括直接材料、直接人工和制造费用（通常所说的料、工、费）。企业可以根据自己的特点设置符合生产过程的一些成本项目，比如企业可以设置燃料和动力、废品损失等。

第三，确定成本计算方法。产品成本的计算方法有分批法和分步法两个基本方法。

产品成本的分批法适用于单件生产、可识别产品（如轮船或珠宝等）成本的核算。在这种方法中，材料和人工以实际支出分配计入或直接计入各批别产品成本，而制造费用通常使用预先设定的分配率计算分配额计入产品成本。

分步法适用于大批量连续式多步骤生产的产品成本核算（如纺织厂、炼钢厂等）。在分步法下，按产品的生产步骤归集原材料费用、人工费用和制造费用，会计期末按产品的生产特点分别采用逐步结转分步法或平行结转分步法计算结转完工产品成本和在产品成本。

必须指出的是，一个企业采取的成本计算方法不是唯一的，因为企业在从事产品生产的过程中，由于生产特点和管理要求不同采取的成本计算方法也不完全相同。所以，企业可以根据自身特点以一种成本计算方法为主，结合其他几种成本计算方法的某些特点而综合应用。

（2）成本核算内部会计控制的内容

为保证产品成本计算的准确可靠，企业应根据生产过程的特点以及经营管理的要求，在生产成本核算过程中设置以下控制点，并采取相应的控制措施。

第一，企业财会部门根据审核后的领退料凭证、工资结算单以及其他有关费用的原始凭证，按照费用的用途归类，划分应计入生产成本的费用和不应计入生产成本的费用，并按照成本项目编制各项费用汇总表和分配表。

第二，企业财会部门应会同生产部门定期清查盘点产品，核实产品数量，确定产品完工程度，及时处理盘亏盘盈及报废的产品，编制产品盘存表。

第三，企业财会部门成本核算人员应在规定的时间内，根据各项生产费用汇总表和分配表以及在产品盘存表，把已经发生应归入生产成本的生产费用在各个期间、各种产品以及完工产品和在产品之间进行分配，计算出完工产品的总成本和单位成本，并编制生产成本计算单。

第四，企业财会部门主管人员应在生产成本计算出来之后，检查成本核算方法是否适当、分配方式和分配比率是否合理、核算程序是否合规、计算结果是否正确，对比已经计算出来的生产成本与计划成本或上期实际成本，检查是否存在差异。复核无误后，在生产成本计算单上签章以示复核。

第五，企业财会部门主管会计根据复核的生产成本计算单，编制生产成本汇总表，填制有关记账凭证，及时结转生产成本，并根据生产成本计算单及有关科目余额编制成本报表。

第六，为保证账账相符，保证生产成本业务账务处理正确及会计资料准确，在稽核人员监督下，生产成本明细账主管会计应与生产成本总账会计定期核对生产成本明细账与产品成本总账的发生额与余额，并相互取得对方签章以示对账。同时还要核对成本报表资料，做到账表及表表相符，核对无误后签章，并送单位负责人审核和签章。

第七，建立生产成本的差异分析制度，产品成本计算无误以后，相关人员应及时分析实际成本和标准成本之间的差异，找出原因，提出改进措施。

4. 完工产品入库和保管的内部会计控制

（1）存货入库的控制

仓储部门从生产部门收到存货（产成品或半成品）时，最好是采用永续盘存制保持控制。永续盘存制提供了最好的控制，因为它能定期将现有存货与存货记录进行核对。存货入库时，仓库管理人员要合理确定存货的存放地点、存放顺序；企业监督部门要对入库的全过程进行监控，及时处理发现的问题，同时防止舞弊行为的发生。仓库管理人员要和验收人员进行工作交接，在交接时双方应该约定各自的权利、责任。交接工作完成后，仓库管理人员和验收人员要在有关的文件资料上签章以示负责。

（2）存货保管的控制

存货保管控制主要是对存货的安全、储存和使用效率进行控制。具体要素包括六个方面：

第一，授权使用。存货的使用需要经过授权审批，并且生产、销售、财务等部门应该保持协调，得到共同授权之后才能使用存货。仓储、保管部门应当建立岗位责任制，明确各岗位在值班轮班、入库检查、货物调运、出入库登记、仓场清理、安全保卫、情况记录等各方面的职责任务，并定期或不定期地进行检查。

第二，库存成本。过多的闲置存货会导致企业存货储存成本的增加，这就降低了存货使用的经济效益，仓库会计应该及时与生产、销售部门沟通，反馈存货余缺的情况，保持合理的存货库存水平，既能满足经营活动的需要，又能节约成本。

第三，限制接近。存货是容易丢失、毁坏的重要资产，应该制定严格的存货限制接近制度，任何人未经许可都不得接触存货以及有关的记录。应该设专人对重要的存货仓库进行保护。

第四，建立存货的分类管理制度。对贵重物品、精密仪器、危险品等重要存货，应当采取额外控制措施，确保重要存货的保管、调用、转移等经过严格授权批准，且在同一环节有两人或两人以上同时经办。企业应当按照国家有关法律法规要求，结合存货的具体特征，建立、健全存货的防火、防潮、防鼠、防盗和防变质等措施，并建立相应的责任追究机制。应该根据存货的物理性质将其放在适宜的环境中，延长存放时间，防止存货的变质和污染。还要注意存货仓库的选址，应该尽量靠近生产车间，特别是沉重、面积较大的存货，这样可以提高使用效率。

第五，建立存货抽检制度。存货经常处于快速流动的状态中，虽然财会部门定期对存货的结存进行盘点，但是仍然可能出现问题。这就要求对于重要的存货，仓库管理人员应该每天都对存货的出、入情况进行抽查，在存货使用种类不多的情况下可以全部检查，期末再由会计稽核人员进行复核，这样能够将风险降到最低水平。

第六，仓库人员的相互牵制。仓库记录人员和保管人员不能由同一人担任，仓库管理人员应该按照有关制度规定行使权力。进出仓库时需要进行登记，并且签字确认，以明确责任。建立仓库的约束激励机制，对于管理成绩较好的仓库和人员给予一定的物质奖励。

（3）存货退出企业的控制

第一，存货损坏的控制。存货的毁损导致企业资产的减少，而且在很多情况下损坏的存货还具有一定的使用价值。存货的管理人员应该对存货经过的业务环节进行检查，找到存货毁损的原因和有关责任人，无法明确责任时按照有关规定处理。仓库记录人员应该填制存货毁损清单，记录存货损坏的数量、品种以及产生的影响；财会部门根据毁损记录进行相应的会计处理，及时形成报告传递给上级管理人员。

第二，存货丢失的控制。存货丢失从性质上讲不同于损坏，大量的存货丢失必然隐藏着舞弊的可能。仓库人员应该及时登记存货丢失的有关记录，如存货入库日期、数量、名称和出库记录，并与涉及的部门和人员进行核对，查明丢失的原因。如果是发货过程中的合理丢失、损耗，由会计人员直接计入成本；如果是人为错误、疏忽导致的丢失，由直接责任人赔偿；如果查明是人为舞弊造成的丢失，则仓库管理员应该向企业的高层管理人员报告，等待批准后处理。

（4）存货期末清点的控制

企业应当建立健全存货清查盘点制度，仓储部门和财会部门应该定期或不定期地对重要的存货进行盘点，盘点频率和盘点品种的确定要符合成本效益原则，及时发现并掌握存货的灭失、损坏、变质和长期积压等情况，存货发生盘盈盈亏的，应查明原因，分清责任，并及时报告有关部门。盘点之后要填制存货盘点报告以备查，对于出现的问题要及时处理。存货盘点工作由财务、仓库和各级主管共同进行，主要检查账面记录的发生额、余额，发出量、剩余量与实际库存量、发出量是否吻合。对于实行标准成本预算的企业，还应该根据清点的结果分析预算执行的效果，对产生的差异进行分析，编制差异分析报告，注重效益分析。企业应当创造条件，逐步实现存货的信息化管理，确保相关信息及时传递，提高存货运营效率。

（5）存货期末计价的控制

企业应按照成本与可变现净值孰低对存货进行期末计价，即当成本低于可变现净值时，存货按成本计量；当成本高于可变现净值时，存货按可变现净值计量。

企业应当加强对存货跌价的会计核算，及时掌握存货价值变动情况。确认、计量存货跌价的依据应当充分，方法应当正确。为了更真实地反映企业资产的实际价值，期末应对存货计提跌价准备。对于不同类型的存货应当采取不同的标准，对于没有市价的存货，应该尽量以类似商品的市场价格作为参考，对于发生损坏、变质、使用价值减少的存货。应根据具体情况多提准备，及早收回成本，使企业损失降到最低。

第四节　销售与收款循环的内部控制

一、销售与收款循环内部会计控制的目标

销售业务是企业经营活动的重要环节。企业的获利、经营成果更多地体现在销售环节，搞好销售环节的内部会计控制对整个内部会计控制系统来说是至关重要的。

在销售与收款循环中，控制目标是确保所有来自营业活动的收入都能适当地确认、记录、整理和存入银行，防止出现差错和舞弊。具体来讲，也就是确保销售收入真实合理，企业货物安全完整，销售折扣、退回合理适度，及时、足额收回货款以及保证货币资金的安全完整，保证销售业务顺畅有效地运行。

二、销售与收款循环的业务流程及信息流程

销售与收款循环包括与发生销售、获取销售收入有关的全部活动。应该承认，产生收入的种类和形式以及对其相应的控制，都因企业而异。例如，零售企业会有与制造企业一系列不同的控制，而相应地，制造企业也会有与批发企业一系列不同的控制。一般来说，企业主要针对业务环节来建立相应的内部控制制度。

（一）业务流程

制造业企业的销售与收款循环通常包括以下活动：

1. 制订销售计划或销售预算

企业应根据生产能力和对市场需求的调查，确定销售计划或销售预算。

2. 接受客户的订单

企业通过市场促销等活动会收到客户的订单，客户的订单是规范销售行为的直接依据，一般由销售主管来决定是否接受客户订单。在接受订单以后，销售部门应进行登记，在核对客户订单的内容和数量，确定企业能够如期供货之后，编制销售通知单，作为信用、仓库、运输、开票和收款等有关部门履行职责的依据。

3. 授予信用

在市场竞争中，提供商业信用能够吸引客户、扩大销售。但为了减少因提供商业信用而带来的坏账风险，企业应对拟授信客户进行资金信用状况分析，从而对不同的客户提供不同的信用政策。由信用部门负责建立并及时更新有关客户信用的记录。对于新客户，应进行必要的信用调查，确定信用额度，并经企业主管人员核准。客户在这一限额范围内的购货，信用部门有权批准；超过这一限额则应由信用部门根据授信额度的有关记录来确定是否批准赊销；对于批准赊销的客户，信用部门应在销售通知单上签字以示认可。

4. 发货

仓库根据信用部门核准的销售通知单发货，并编制发货凭证，如出库单等。发货凭证也是登记账簿、开具发票的依据。交货有提货制、发货制、送货制等多种方式。

5. 开具发票

在销售订单、销售通知单、出库单（或提货单）等核对相符的前提下，会计部门开具正式的销售发票。

6. 记录销售

开具发票之后，会计人员应编制相应的记账凭证，并负责登记相应的应收账款明细账和总账、主营业务收入总账和明细账、库存商品总账和明细账等。

7. 收款并记录款项

根据约定的付款条件及方式向客户办理货款的结算，并根据商品销售及货款结算情况在现金或银行存款日记账和应收账款明细分类账中记录收到的款项。

8. 核对账册

核对应收账款明细分类账与应收账款总账并且编制定期核对报告。

9. 坏账处理

对确实无法收回的应收账款，经批准后可作为坏账进行处理。对已经冲销的应收账款，应在备查登记簿登记，以便在已冲销的应收账款日后又收回时进行会计处理。年末，根据应收账款的余额或账龄分析等方法确定本期应计提的坏账准备的数额。

10. 其他

如在销售过程中还涉及销售退回、销售折扣、销售折让等调整业务，要认真审核这些业务发生的真实性，防止舞弊及作假。

（二）信息流程

根据上述销售与收款循环业务流程，应通过相应的单证和记录予以反映和控制，并确保单证传递渠道流畅，销售与收款循环涉及的单证和记录信息有很多。

1. 客户订单

客户订单是客户要求订购商品的凭证，一般由客户或由销售部门产生。如果来自客户则相当于订购单。企业有时由销售部门编制销售订单，该订单应反映商品的基本要素，如发货时间、发货地点、发货方式等，并列明经办人、审核人和核准人及合同号等。

2. 销售单

销售单（销货通知单）根据订单填列，应列示客户所订商品的名称、规格、数量、价格以及其他与客户订单相关的资料。销售单应连续编号，并由经办人、审批人等签名，如果发生赊销的，还应由信用审批人加注意见。销售单为销售方内部处理客户订单的重要依据。销售单应设置一式几联，销售、仓库、生产（以订单生产时）、财务等各部门留存，销售部门应对销售单内容做必要的记录。

3. 发运凭证

发运凭证（装运凭证）可以是发货单或提货单，是在发货时编制的，用以反映发出商品的规格、数量、品名、型号等。如果是由客户直接来销售企业提货的，则可根据提货单提货，提货单应加注销售方各职能部门的意见；如果是由销售方负责送运的，则可根据发货单发货并将其中的一联寄送给对方。发运凭证作为发货的依据，也是向客户开票收款的依据。

4. 销售发票

销售发票是销售方向购买方开具的票据，包括增值税专用发票和普通发票，销售发票载明已销售商品的品名、型号规格、数量、销售单价、金额、开票日期、付款条件、运费和保险费的价格等。销售发票一联寄送给客户，其余作为财务部门留存或记账依据。销售发票还是计税的重要依据，必须妥善保管，并在发票登记簿上予以详细记录空白销售发票。有的企业以收据替代销售发票，从控制角度，这时的收据也应连续编号并同发票一样设置一式几联。销售发票开出时，尚未收到货款的，应有对方回执，并注明未付货款。

5. 商品价目表

商品价目表列明销售企业各类商品销售单价，可提供折扣的情况。商品价目表作为价格清单，是销售企业的机密资料，不能随意向外透露。同时，如果销售政策有变化应及时修订价目表。

6. 贷项通知单

贷项通知单是用以表示由于销货退回或折让而引起的应收销售款减少的凭证，凭证格式同销售发票，但贷项通知单是一种销售企业内部凭证，故真正引起退货或折让时，往往需要对方将发票退回重开，或者凭对方证明（如果是增值税专用发票，尚需对方税务局开出证明）开出红字发票，予以冲销。

7. 应收账款明细账

应收账款明细账（包括应收票据明细账）是用来记录每个客户各项赊销、货款回收、销货退回及折让的明细账。应收账款明细账应由专职人员根据客户订单、销售单、发运凭证、销售发票以及记账凭证予以记录，对于存在预收款或预收定金销售货物的情况，应收账款明细记录应将预收款或预收定金冲销，以确保应收账款余额的正确性。应收票据明细账用来记录向客户收到的结算票据，包括本票、汇票等，明细账反映票据面额。

8. 主营业务收入明细账

主营业务收入明细账是用来记录销货业务实现收入的明细账，根据收入实现的判定条件（按不同销售结算方式），确定销货业务是否确认收入。对于采用赊销方式的，一般确认收入和确认债权同步。主营业务收入明细账应反映销售商品品名、规格、型号、销售单价、数量以及总金额等。对于退货的，应及时冲回已确认的主营业务收入。主营业务收入还应与主营业务成本保持配比，包括销售商品品名、规格、型号及数量上的配比。

9. 折扣与折让明细账

折扣包括现金折扣和销售折扣，前者是为了早日回收货款而给予客户的回扣；后者是由于客户购货数量较多，而给予客户的折扣。折让是由于销售商品品种、质量等不能满足客户需要，为了避免退货而给予客户的货款折让。折扣与折让明细账，作为主营业务收入明细账的备抵账户，应记录折扣与折让原因、金额等。

10. 汇款通知书

汇款通知书是客户在付款时寄回给销售企业的凭证，此通知书一般由销售企业在寄送销售发票时一并寄给客户。汇款通知书应注明客户的姓名、销售发票号码、销售企业开户账号以及金额等内容。

11. 现金、银行存款日记账

对于客户用支票结算货款的（包括现金支票、转账支票），应作为银行存款的增加，并逐笔序时记录；对于零星销售，客户用现金结算的，应作为现金的增加逐笔序时记录。日记账记录依据是收款凭单及收款记账凭证。

12. 客户月末对账单

客户月末对账单是销售企业定期寄送给客户用于购销双方定期核对账项的凭证。客户月末对账单上应注明应收账款的月初余额、本月各项销售业务的金额、本月已收到的货款、各贷项通知单的金额以及月末余额等内容。客户月末对账单寄出后，应与对方及时联系，以确认对方是否收到并予以核对，最终应得到对方确认。

13. 货款催收通知单

当应收账款快到期或已逾期时，销售企业应寄送货款催收通知单，提示对方结清货款。货款催收通知单应列明应收货款余额、催收原因等。

14. 票据备查登记簿

如果客户用票据（包括承兑汇票、本票）进行结算货款的，对票据除了在应收票据明细账记录之外，还应设置票据备查登记簿，包括票据种类、签发日、到期日、利率、金额、贴现等情况的记录。

15. 其他凭单及记录

销售与收款可以按控制需要设置销售日报表、销售月报表、销售商品品种分类明细分析表、销售商品区域分类明细分析表、销售人员业绩分析表、销售客户分析表等。

三、具体的内部控制要点

（一）常见的错弊

销售与收款常见的错弊行为往往使销售与收款的内部会计控制形同虚设，如果不加以合理控制会导致现金回笼困难或舞弊情况的发生，企业遭受重大损失。其主要表现在以下几个方面：

1. 发货控制混乱

由于货物发出没有合理的凭单控制，致使有的企业货物被侵占。例如，有的企业从车间直接发货，不办理入库、出库手续，货物被内部人提走；有的企业内外勾结，门卫又把守不严，仓库货物发生短缺等屡见不鲜。

2. 凭证控制不严

各种销售凭证管理不严，没有对销售单、装运凭证、发票等进行连续编号，而且没有建立完善的凭证保管制度，导致多计或少计销售，内部人员擅自涂改、销毁、伪造凭证，为不实记录、贪污舞弊提供了可能。

3. 授信不当

很多企业没有充分了解客户的信用情况，或内部没有建立合理的授信制度，或不严格按照信用标准越权批准授信，导致应收账款中大量坏账出现，企业不仅面临巨大的财务风险，而且应收账款的账面价值与实际严重不符，企业可能虚盈实亏。

4. 费用失控

销售费用没有有效的预算或控制措施，一些企业销售费用虚增，造成企业损失。

5. 调节利润

企业不遵循收入实现原则来确认收入，而是出于各种目的提前或推迟确认收入，甚至虚构确认销售收入来操纵利润。

（二）控制的具体要点

1. 客户订单合同管理

销售部门收到客户的订单是整个销售循环的起点。为了保证销售业务的合法性和有效性，客户订单只有在经过适当授权批准后才能执行，客户订单控制的主要环节包括订单审核和订单记录。

（1）订单审核

销售部门收到客户订单后，首先，应送交企业的信用管理部门办理批准手续。对于老客户的订单，信用管理部门主要对本次订单的数量、价格等进行检查；如果客户订单所需要的数量突破历史记录，则信用管理部门应要求客户提供近期的会计报表，根据客户近期的财务状况决定是否接受订单。对于新客户的订单，信用部门必须要求其同时提供能够证明其资信情况的资料和会计报表。通过分析其资信情况和会计报表决定是否接受其购货订单以及允许的信用限额。无论是何种订单，涉及赊销的必须有经过信用部门主管或其他被授权人签字同意的书面文件才能办理；对于现销业务，订单审核较为简单，可以仅对订单数量、质量标准、发运方式等进行审核，但仍需有销售部门负责人的签字认可。

（2）订单记录

由于客户订单是销售成立的基础，因此，必须做好订单记录工作。销售部门应设置订单登记簿，对收到的每一份订单必须登记在订单登记簿上。就订单接受时间、数量、价格以及销售成交情况和客户支付情况等做记录，以积累客户资料，保证从中筛选出信誉优良、成交量大的客户。在业务成交后，对销售执行情况和客户支付情况也应在订单登记簿上作出记录。

销售合同和采购合同一样，也应确保合同条款公平、完整，销售企业应有合理的合同管理制度，包括合同签订、修改补充、取消、合同保管、传递、编号等，以订单取代销售合同的，应将订单统一管理。

具体来说，当接受了客户的外部销售订单后，负责销售订单的人员将会按照核准的客户清单来审查客户。如果该客户不在清单里，销售订单必须由一个有相应授权的高级管理人员批准，通常是销售经理，然后负责销售订单的职员会核实是否有现货供应，如果没有，那么货物是否能在客户所要求的时间范围内取得。

完成以上的检查后，一份预先编号的、多联的销售订单表也就填制完成了。销售订单表包括摘要、数量和其他与客户订单相关的信息。至少要编制六联的销售订单（称作销售订单包）。在每联销售订单发送到各相关部门之前，销售订单包首先要送到信贷部门批准，信贷部门批准后，销售订单包再返回到销售部门。

在六联的销售订单包中，第一联返还客户作为回执；第二联送到应收账款部门等待收取更多的凭据；第三联和第四联送到仓储部门，其中一联保留在仓储部门，另一联（和客户订单一起）用于批准提取货物以便装运；第五联送到运输部门来批准货物的发运；第六联由销售部门留存以便核对。

2. 货物发运的内部控制

货物发运环节的重要凭证是发货凭证。首先，将事先经核准的客户订单各要素应记录在内部统一格式的发货凭证上，并确认所订货物有库存可销售；其次，在发货过程中所需的各种授权和批准在发货凭证上应能得到印证，如信用授权、折扣授权、发货核准等；最后，发货凭证应作为提货、装运、放行、记账、付款等主要依据。因此，发货控制制度的重要环节就是要对发货凭证进行完善设计，包括格式、编号、传递路径等。

发货控制应按发货凭证上载明的发货品种、规模、发货数量、发货时间、发货方式组织发货，使实物流转与凭单流转相一致。从货物离开仓库或车间到达客户整个环节应确保货物的安全、高效。发货控制不仅涉及正常销售商品，还包括样品、赠品、搭售品、寄销品及展品等。

具体来说，仓储部门收到适当核准的销售订单联后才能发出货物。设计这个控制程序可以防止没有批准的货物从仓库中搬走。

运输人员只有将销售订单的仓库联和运输部门的销售订单联核对后，货物才可以提取发运给客户。核对无误后，填制完成预先编号的、多联的装运单，一般指提货单，提货单是一个多联的表格，列示了发货项目、运输说明事项以及作为承运人已经收到的货物凭证。

提货单至少要编制一式四联：第一联与货物一起送到客户手中；第二联发送给核准的承运人；第三联和客户订单、销售订单仓储联一起送到应收账款部门；第四联和销售订单的运输联一起留在装运部门以备日后参考。

3. 客户退货的内部控制

单位应当建立和健全销售退回管理制度。如果货物被客户退回，必须立刻调查退货的原因，如果可能应进行更正。货物一旦退回，就要编制客户的贷项通知单，然后据此记录销售退回日记账，应收账款总分类账，应收账款明细分类账和销售退回账户。

（1）销售退回的审批

为了维护单位的良好形象，当客户对商品不满意而要求退货时，单位应接受退货，但必须经过单位销售主管审批后才能办理有关手续。

（2）销售退回的质量检验和清点入库

销售退回的货物须经质量检验部门检查验收，仓储部门清点后才能入库。质量检验部门应对客户退回的货物进行质量检验，并出具检验证明；仓储部门应在清点货物、注明退回货物的品种和数量后，填写退货接收报告单。退货接收报告单是对退回货物进行文件记录和控制的重要手段，它应当事先加以编号，在发生退货时填写。填制该报告单的人员不应当同时从事货物的发运业务。一切有关资料，如客户名称、退货名称、数量、日期、退货性质、原始发票号、价格以及退货原因和其他情况说明等，都必须记录在该报告单中。退货接收报告单应由独立于发货和收货职能的人员的监督和检查。

（3）调查退货索赔

在接到仓储部门转来的退货接收报告单后，应由单位的客户服务部门对客户的退货要求进行调查。其目的是确定退回货物索赔的有效性和合理性，以及应给客户的合理和有效赔偿金额，客户服务部门在调查结束后应当将调查结果和意见记录于退货接收报告单上，提交给信用、会计、销售部门作为最后审核的依据。

（4）退货理赔核准

退货理赔最终由销售部门核准决定。该核准以仓储部门的退货接收报告单、客户服务部门对退货调查的结果和意见为依据，对合理和有效的退货需要核准退货理赔手续，并将退货理赔意见签署在退货接收报告单上。

（5）填制红字发票

销售人员应当根据验收报告和退货接收报告单填制一式多联的红字发票，红字发票经财会主管核准后，会计人员据以进行调整主营业务收入和应收账款或者进行其他有关账务处理。同时，财会部门应对检验证明、退货接收报告单以及退货方出具的退货凭证等进行审核后，办理相应的退款事宜。

4. 发票管理

销售发票是销售业务的真实记录，是收取货款的依据，如果在此环节缺乏有效的控制，将会导致舞弊行为或收入记录不实。销售发票的控制主要有以下六点：

（1）授权控制

即发票开具人必须经过授权，任何未经授权的人员不得开出发票。

（2）明确发票管理和领用制度

即指定专人负责发票的保管和领用，尤其是增值税专用发票。发票使用人领用发票必须签章，并注明领用发票的号码，以明确责任。

（3）开具依据控制

销售发票应以客户订单、销售通知单以及信用核准单等为开具依据。在开具发票时必须依据销售通知单上的连续编号进行，以保证所有发出货物都开具了发票。开具过程中还应核对实际发运数量，保证所有发出商品已核实销售数量；核对客户名称，使其与客户订单相一致；核对发票价格，使其与价格目录或信用部门及销售部门批准的金额一致。

（4）复核控制

建立发票复核制度，由独立于发票开具人的其他人员对发票的构成要素进行复核。

（5）对发票总额应该加以控制

即对所有发票应定期给出合计金额，以便与应收账款或销货合计数进行核对。

（6）使用和保留连续编号的发票

开票人员还应该使用和保留连续编号的发票，包括已作废的发票；独立于发运货物和开票人员的其他人员应该定期检查事先连续编号的销售发票和发货通知单。

具体来说，财会部门收到销售订单联后，与运输部门的销售订单、提货单和客户订单一起，审核无误后开具预先编号的、多联的销售发票。列明实际发货的数量、品种、规格、单价、金额和增值税税额。价格要根据企业的价目表填写，对需要经特别批准的价格应由有关人员批示。至少要编制一式三联的销售发票，第一联送给客户；第二联用来在销售日记账中记录，随后用来更新普通分类账；第三联和两联销售订单、一联提货单、一联客户订单一起送到应收账款部门用来编制应收账款明细分类账和客户月报表。

5. 客户信用等级管理

如何在扩大销售量的同时及时回收款项，减少坏账损失，是每个企业所期望达到的一个目标。这需要各单位建立科学、合理、有效的信用分析和控制制度，其控制的主要环节有以下几个方面：

（1）设立独立于销售部门的信用管理部门，建立客户信用档案

除对于客户基本资料的收集、记录外，应重点对其付款态度、付款方式、信用限额等予以反映。

（2）进行客户资信状况分析

信用管理部门主要分析客户的合法性、银行对客户的信誉评价、客户的货款回笼时间、客户的履约情况等。在此基础上，为每个客户评定信用等级，据此拟定信用条件和信

用限额。

其内容包括按信用等级分别管理和信用等级定期核查两个方面：

第一，不同信用等级客户的管理。对信用等级评价不是最终目的，最终目的是利用信用等级对客户进行管理。企业和各销售区应针对不同信用等级的客户采取不同的信用或赊销政策。

对A级客户，信用较好可以不设限额或从宽控制，在客户资金周转偶尔有一定困难，或旺季进货量较大、资金不足时，可以有一定的赊销额度和回款期限。但赊销额度以不超过一次进货为限，回款宽限以不超过一个进货周期为限。

对B级客户，可以先设定一个限额，以后再根据信用状况逐渐放宽。一般要求现款现货。但在如何处理现款现货时，应讲究艺术性，不要让客户很难堪。应该在摸清客户确实已准备好货款或准备付款的情况下，再通知公司发货。对特殊情况可以用银行承兑汇票结算，允许零星货款的赊欠。

对C级客户，应仔细审查，可以给予少量或不给信用额度，要求现款现货。如对一家欠款巨大的客户，业务员要坚决要求支付现款，并考虑一旦该客户破产倒闭应采取的补救措施。C级客户不应列为企业的主要客户，应逐步以信用良好、经营实力强的客户取而代之。

对D级客户，不给予任何信用交易，坚决要求现款现货或先款后货，并在追回货款的情况下逐步淘汰该类客户。

新客户一般按C级客户对待，实行现款现货。经过多次业务往来，对客户的信用情况有较多了解后（一般不少于3个月），再按正常的信用等级评价方法进行评价。

第二，实行客户动态管理，对客户信用等级定期核查。客户信用状况是不断变化的，有的客户信用等级在上升，有的则在下降。如果不对客户信用等级进行动态评价，并根据评价结果调整销售政策，就可能由于没有发现客户信用等级下降而导致货款回收困难。因此，应定期对客户的信用等级进行核查，以随时掌握客户信用等级的变动情况。一般应1个月核查一次，核查间隔时间最长不能超过3个月。对客户信用等级核查的结果必须及时通知有关部门。在赊销开始之前，必须向信贷经理获得信贷批准。通常情况下，这要求信贷经理根据现在销售需求的金额检查客户的信贷限额。如果同意，信贷经理采用销售订单包批准销售；如果不同意，销售额超出了客户的信贷限额，在销售之前必须经过高级管理人员的批准。如果是新的客户，通常做法是由专门的信贷机构评定客户的信用等级。制定适当的信贷批准程序可以减少坏账的发生。在计算机系统中，应用程序可以进行检查，确保客户的信贷限额没有超出。

6. 应收账款坏账的控制

坏账是指企业经确认无法收回的应收账款及其他应收款。坏账损失是指由于坏账而造成的损失。企业应当在采用应收账款赊销政策的同时，采取各项催账政策以减少坏账损失。

（1）坏账确认控制

企业对于账龄长的应收账款，应当报告决策机构，由决策机构进行审查，确定是否确认为坏账。企业对于不能收回的应收款项应当查明原因，追究责任。按照会计制度的规定，有确凿证据表明某项应收账款不能收回或收回的可能性不大（如债务单位已经撤销、破产、资不抵债、现金流量严重不足或者遭受严重的自然灾害，导致其在短时间内无法偿付债务等，以及三年以上的应收账款），应该确认为坏账。但是，下列情况不得将应收账款确认为坏账：当年发生的应收账款；计划进行重组的应收账款；与关联方发生的应收账款；其他已经逾期，但无确凿证据表明不能收回的应收账款。

（2）坏账批准的控制

对有确凿证据表明确实无法收回的应收款项，根据企业的管理权限，经股东大会或董事会，或经理（厂长）办公会议或类似的机构批准作为坏账损失。单位要制定严密的坏账批准程序，按照授权原则和方法进行坏账的审批。一般情况下，应由有关的业务部门对坏账进行确认后，报单位的最高管理层进行最终的审核和批准，而不能盲目地、任意地批准坏账，要慎重行事。

（3）坏账处理的控制

企业对发生的各项坏账，必须查明责任，并按规定的审批程序作出正确的会计处理：对于确实收不回来的应收账款，经批准后可以作为坏账损失，冲销计提的坏账准备，注销该项应收账款；已经注销了的坏账应当记录在备查登记簿上，做到账销案存；已注销的坏账又收回来时，要及时入账，并按照实际收回的金额，增加坏账准备，严禁形成账外账。

（4）计提坏账准备的控制

坏账控制的更重要的环节是对于未偿还的和长年过期账款，应该在它们变成坏账前进行追查。企业应按照应收账款的实际情况和授信政策，确定计提坏账准备的标准，对应收账款合理提取坏账准备。

计提坏账准备是按照会计核算中的谨慎性原则的要求，在每年年度终了时，对应收账款进行全面检查，预计各项应收账款发生坏账的可能性，按照一定的方法计提用于将来抵偿发生的坏账损失的准备金。坏账准备计提得越多，防范今后的坏账风险的能力就越强，但是，其对当期的利润和税收的影响也就越大。所以，各个单位必须按照会计制度的要求，正确计提坏账准备，包括选择合理的计提坏账准备的方法、正确计提坏账准备、对坏账准备进行正确的会计处理以及不得计提秘密坏账准备等。

参考文献

[1] 鲍秀芝，王进，杜磊. 财务管理与审计统计分析研究 [M]. 长春：吉林科学技术出版社，2022.

[2] 马桂芬. 应用型本科会计人才培养系列教材管理会计学 [M]. 成都：西南财经大学出版社，2022.

[3] 谭函梅. 全国高职高专院校会计专业立体化教材财务管理 [M]. 2 版. 北京：中国财政经济出版社，2022.

[4] 洪宇. 高等学校创新性数智化应用型经济管理规划教材审计系列内部控制 [M]. 上海：立信会计出版社，2022.

[5] 高翠莲. 高等职业教育财会类专业经典传承务本维新系列教材企业内部控制 [M]. 2 版. 北京：高等教育出版社，2022.

[6] 孙述威. 管理会计 [M]. 北京：北京理工大学出版社，2021.

[7] 郭昌荣. 财务会计及其创新研究基于管理视角 [M]. 北京：中国商业出版社，2021.

[8] 李敏. 企业内部控制规范 [M]. 3 版. 上海：上海财经大学出版社，2021.

[9] 徐礼礼，谢富生，胡煜中. 基于大数据的内部控制 [M]. 上海：立信会计出版社，2021.

[10] 陶燕贞，李芸屹. 财务管理与会计内部控制研究 [M]. 长春：吉林人民出版社，2020.

[11] 蔡维灿. 财务管理 [M]. 北京：北京理工大学出版社，2020.

[12] 郭艳蕊，李果. 现代财务会计与企业管理 [M]. 天津：天津科学技术出版社，2020.

[13] 段春明，柳延峥. 财务与会计制度设计理论与实务 [M]. 大连：东北财经大学出版社，2020.

[14] 陈宣君. 财务管理 [M]. 成都：西南交通大学出版社，2019.

[15] 张丽，赵建华，李国栋. 财务会计与审计管理 [M]. 北京：经济日报出版社，2019.

[16] 王桂华，李玉华. 管理会计 [M]. 北京：北京理工大学出版社，2019.

[17] 李连华. 内部控制学［M］. 厦门：厦门大学出版社，2019.

[18] 闻佳凤，仲怀公. 现代企业内部控制学［M］. 北京：北京理工大学出版社，2019.

[19] 朱竞. 会计信息化环境下的企业财务管理转型与对策［M］. 北京：经济日报出版社，2019.

[20] 韩吉茂，王琦，渠万焱. 现代财务分析与会计信息化研究［M］. 长春：吉林人民出版社，2019.

[21] 周浩，吴秋霞，祁麟. 财务管理与审计学习［M］. 长春：吉林人民出版社，2019.

[22] 吴应运，刘冬莉，王郁舒. 财务管理与会计实践［M］. 北京：北京工业大学出版社，2018.

[23] 黄延霞. 财务会计管理研究［M］. 北京：经济日报出版社，2018.

[24] 王海侠，刘恩厚，何锋. 会计管理与成长控制研究［M］. 北京：九州出版社，2018.

[25] 韩文连. 管理会计学［M］. 北京：首都经济贸易大学出版社，2018.

[26] 肖康元. 管理会计［M］. 上海：上海交通大学出版社，2018.

[27] 胡海波. 管理会计学［M］. 上海：上海交通大学出版社，2018.

[28] 周兵，胡玉玲，张立焕. 管理会计［M］. 北京：中国商业出版社，2018.

[29] 蔡维灿. 管理会计［M］. 北京：北京理工大学出版社，2018.

[30] 夏宁. 内部控制学［M］. 上海：立信会计出版社，2018.

[31] 杨雪，郭欣，赵勍. 内部控制与评价［M］. 上海：上海财经大学出版社，2018.

[32] 倪向丽. 财务管理与会计实践创新艺术［M］. 北京：中国商务出版社，2018.